ro
ro
ro

WICHTIGER HINWEIS

Obwohl alles getan wurde, um die Korrektheit der Informationen in diesem Buch zu gewährleisten, können sich die Umstände aufgrund vielfältiger Ursachen ändern. In den porträtierten Orten und Landschaften sind Umzüge, Geldverlust und menschliches Versagen an der Tagesordnung. In fast allen behandelten Regionen kommt es häufig zu nächtlichen Erschütterungen, überfluteten Nasszellen und unvorhergesehenen Totalausfällen. Weder Autor noch Verlag können für das Ausbleiben solcher Überraschungen haftbar gemacht werden. Wenn Sie veraltete oder allzu rosige Informationen in diesem Buch entdecken, würden wir uns über eine Nachricht freuen.

Dietmar Bittrich fährt als Begleiter eines Busreiseunternehmens seit Jahren durch Deutschland. Er ist zuständig für Aufmunterung und Trost deprimierter Passagiere. Im Rowohlt Taschenbuch Verlag erschienen von ihm u. a. der Bestseller *Alle Orte, die man knicken kann*, *Urlaub mit der buckligen Verwandtschaft* sowie diverse Weihnachtsbücher, zuletzt *Diesmal bleiben wir bis Silvester!*.

www.dietmar-bittrich.de

DIETMAR BITTRICH

99 DEUTSCHE ORTE, DIE MAN KNICKEN KANN

Rowohlt Taschenbuch Verlag

Originalausgabe
Veröffentlicht im Rowohlt Taschenbuch Verlag,
Reinbek bei Hamburg, Mai 2016
Copyright © 2016 by Rowohlt Verlag GmbH,
Reinbek bei Hamburg
Umschlaggestaltung ZERO Werbeagentur, München
Umschlagfotos John Lund/Stephanie Roeser/
Getty Images; FinePic, München
Satz aus der Arno Pro, InDesign,
bei Dörlemann Satz, Lemförde
Druck und Bindung CPI books GmbH, Leck, Germany
ISBN 978 3 499 63127 6

INHALT

Vorwort Seite **11**

SCHLOSS NEUSCHWANSTEIN Seite 13

Meeting mit unbewaffneten Angehörigen asiatischer
Völker. Führungen in Rekordzeit. Asselkot und Teppichfransen. Die beliebtesten Fragen.

DER KÖLNER DOM Seite 18

Industriedenkmal des 19. Jahrhunderts. Bedrückte
Besucher auf Pflichtrunden. Gefälschte Knochen. Beiträge
des Teufels. Die meistbesuchte Toilette Kölns.

HEIDELBERG Seite 23

Vom Philosophenweg zur Organspende. Verunfallte
Brückenspringer und ruinierte Schlossmauern.
Die Verzweiflung Mark Twains.

ROTHENBURG OB DER TAUBER Seite 27

Gründungsstadt des Komasaufens. Folterwerkzeuge
und die Peinigung der Besucher. Kotzbrunnen und
Möglichkeiten zum warmen Abriss.

BERLIN UND SEINE MITTE Seite 31

Das meistverhängte Tor Deutschlands. Geld verdienen
auf dem Pariser Platz. Ohnmacht auf der Museumsinsel.
Tod im Dom. Zweifel vor dem Stadtschloss.

POTSDAM UND SEINE SCHLÖSSER Seite 39
Räudige Gärten und kaputte Statuen. Frauen-
feindlichkeit und Schmuddeliges in Sanssouci.
Grottiges im Neuen Palais.

DRESDENS SCHÄTZE Seite 42
Enttäuschung im Zwinger Club. Halliges aus der
Frauenkirche. Preisgekrönte Bettler am Neumarkt.
Rentnerplunder im Grünen Gewölbe.

WEIMAR Seite 50
Größte deutsche Seniorenresidenz. Crime Adventures
an der Ilm. Goethe spielt Flöte. Rollstuhl-Testfahrt
und Probeliegen im Pflegebett.

DIE WARTBURG UND EISENACH Seite 55
Eselsstationen und gefälschte Altbauten. Luthers satani-
sche Verse. Das peinliche Rosenwunder der Elisabeth.

TRIER UND DIE RÖMISCHEN ALTERTÜMER. Seite 60
Horrorziel für Klassenreisen. Wichtigster Standort für
Spielotheken. Absturzviertel und peinliche Ruinen. Nebel.

AACHEN Seite 65
Beliebtester Dom frommer Muslime. Ein toter Jagd-
hund plus zwei Kaninchen im Sarg Kaiser Karls.
Heimat des zahnzerstörendsten Gebäcks Deutschlands.

DAS MITTLERE RHEINTAL Seite 69
Die wichtigsten Trassen des donnernden Güter-
verkehrs. Psychische Wracks auf der rechten
Rheinseite. Tolle Dieselmotoren. Läuse aus dem
Haar der Lorelei.

WÜRZBURG Seite 73

Das feisteste Pfarrhaus Europas. Säle voller
Schimmelpils und Dackelfransen. Wiedergeborene
Hexen. Säufer auf Brücken. Warmer Stumpfsinn.

HAMBURGS SPEICHERSTADT UND HAFENCITY. Seite 77

Koks und Knöchelbrüche. Schwere Abgase über
steinernem Würfelhusten. Brücken voller Spinnen.
Staus um die Elbphilharmonie.

SYLT Seite 86

Frozen Faces auf Botox Island. Depressionen am
Nacktbadestrand. Vergebliche Sandvorspülungen
und das Watt im Wechsel der Jahreszeiten.

MÜNCHEN Seite 91

Lärm, Dreck und Erleuchtung im Hofbräuhaus.
Nackerte auf den Hundewiesen des Englischen Gartens.
Gemäldesammlungen zum Einschlafen.

DER SCHWARZWALD Seite 97

Borkenkäfer und maschinenwaschbare Kirschtorte.
Schrotthandel am Titisee. Tödliche Freilichtmuseen
und mörderische Spezialitäten.

LUTHERSTADT WITTENBERG Seite 103

Eine Kirche mit Wasserturm. Türen ohne Thesen.
Für die Wiedereinführung des Ablasshandels.
Das Taufbecken des Bösen.

DER BODENSEE UND SEINE PFAHLBAUTEN Seite 109

Saunahäuschen mit Wasserspülung. Inzest im Einklang
mit der Natur. Der Grund für Ötzis Flucht in die Berge.

DIE WIES UND DER PFAFFENWINKEL Seite 112

Das Heiligtum des Sadomasochismus. Der Herzog
und die jungen Männer. Der heilige Georg und
die träumenden Jungfrauen.

DER KÖNIGSSEE Seite 117

Die Todesenergien und die Schweinshaxen-
Kapelle. Sturz vom Watzmann. Der Käfer auf
dem Grund des Sees. Abflug aus der Bobbahn.
Trinkgeld oder Tod.

BREMEN Seite 121

Die unmusikalischste Stadt des Landes.
Tödliche Altenpflegerinnen. Der Roland der
Lustfeindlichkeit. World's Biggest Tourist
Traps. Blut und Boden.

DER HARZ Seite 126

Abflüge für Biker. Das Schutzgebiet der Zecke.
Peinlicher Hexentanzplatz. Mit der Brockenbahn
in die Hölle. Kreischbergwerk in Goslar.
Blasen in Quedlinburg.

LEIPZIG Seite 133

Drückerparadies auf der Via Regia. Tolles in der
Thomaskirche. Nichts mehr in Nikolai. Verwandte
entsorgen auf dem Völkerschlachtdenkmal.

RÜGEN Seite 138

Im Stau vor der Brücke. Glückliche Alte in Prora.
Fischsterben vor Sellin. Bettenwechsel in Binz.
Kreidefelsen zum Abzocken oder Abbrechen.

GARMISCH UND DIE ZUGSPITZE Seite 141
Das bayerische Trauma. Wolkendunst und Nässe
an dreihundert Tagen im Jahr. Nacktbesteigungen
und Propheten.

ESSEN UND DIE ZECHE ZOLLVEREIN Seite 145
Brennnesseln und Riesenbärenklau. Abortkübel
und Shitstorm. Schwule Kontakte. Der erste
Tier-Mensch-Friedhof mit Aussicht.

DER BAYERISCHE WALD Seite 150
Verschlissene Tretboote. Gaststätten ohne
Abendbetrieb. Vom Kristall zum Crystal. Leichte
Überwindung der Blut-Hirn-Schranke.

AUTOSTADT WOLFSBURG Seite 155
Gebauter Trübsinn. Höchster Verbrauch an
Antidepressiva. Fußgängerzone mit Gold-
ankauf. Die Würger von Wolfsburg und ihre
Bordellbesuche.

DER SPREEWALD Seite 161
Wichtigstes deutsches Anzuchtgebiet für die
Anopheles-Mücke. Beschwipste Kähne. Faulgase
und Gurkenverzehr. Leichtes Vorankommen
auf dem Fahrrad.

BAD REICHENHALL Seite 164
Im Kurpark der Rollatoren. Maskenball für
Erwachsene. Begreifliche Belegungseinbrüche.
Schießübungen und der Bus nach Salzburg.

EDERSEE UND KELLERWALD Seite 167

Campingclubs am Seeufer. Flechten und Moose
zum Abwinken. Die Heimat des Waschbärs und
die besten Rezepte zu seiner Zubereitung.

HUSUM UND DAS WATTENMEER Seite 172

Weltnaturödnis und Blasentang. Läuseeier als
Namensgeber. Müffelnde Krabben. Wattführungen
mit einfühlsamer Sterbebegleitung.

DIE LÜNEBURGER HEIDE Seite 176

Alles ist lila und unfruchtbar. Zulöten als Überlebens-
möglichkeit. Schnucken und kompostierbare
Urnen am Totengrund.

DIE LAUSITZ Seite 180

Land der Willkommenskultur für den Wolf.
Pfefferspray und der Rotkäppchen-Trick. Möglichkeit
zur Entsorgung dicklicher Kinder.

DIE 99 ORTE – Seite 185
alphabetisch geordnet

MÜSSEN WIR DA AUCH NOCH HIN?

Auf Reisen ist das die meistgestellte Frage vom dritten Tag an. Nein, müssen wir nicht. Die Besichtigungspflicht ist aufgehoben. Wir müssen keine eingerüsteten Kirchtürme anstaunen oder in Filzpantoffeln durch schwülstige Schlösser schlurfen. Wir brauchen keine modernden Landschaftsparks abzuwandern oder Industriedenkmale toll zu finden. Wir können uns all das sparen. All das, was Reiseführer und Tourismusbüros uns als *Highlight* oder *Kleinod* unterjubeln wollen. Das Brandenburger Tor, die Dresdner Frauenkirche, die Altstadt von Bamberg, das Kloster Maulbronn. Geschenkt. Dass sich das lange Anstehen in Neuschwanstein nicht lohnt, ist längst bekannt. Dass Rüdesheim nichts anderes ist als ein dreihundert Meter langer Besäufnistresen unter bemoosten Plastikdächern, hat sich ebenfalls herumgesprochen. Aber auch Wattenmeere, Fachwerkstädte, Erzbergwerke – das meiste ist zum Gähnen. Und was tatterige Kulturkommissionen zum *Welterbe* ausrufen, ist erst recht hundertprozentig verzichtbar. Dieses Buch verrät, warum man sie alle knicken kann, diese hochgerühmten Stätten und angeblichen Sehenswürdigkeiten. An jedem dieser Orte kann man sich wohlfühlen. Klar. Aber noch schöner ist das Leben, wenn man sie auslässt. «Was?», fragen entgeisterte Oberlehrer nach unserer Rückkehr. «Da warst du und hast dir das nicht angesehen?» – «Nöö.» Ein gewisses freches Selbstbewusstsein gehört dazu. Dieses Buch stützt so ein Selbstbewusstsein. Dieses Buch ist frech bis unverschämt. Es richtet sich nach den Listen der bedeutendsten Sehenswürdigkeiten, nach den Castings der Unesco und den Rankings der Medien. Es geht also nicht nach Regionen vor, sondern nach Ruhm. Alphabetisch sind die 99 Orte am Ende aufgelistet. Meiner ist natürlich auch dabei.

Über dieses Schloss kursieren so viele Klagen und Beschwerden, dass es hier nur gelobt werden soll. Denn es gibt so viel Positives! Zu Recht wird Neuschwanstein das *Cinderella-Schloss* genannt, manchmal auch *Sleeping Beauty Castle*. Schließlich ist es das wohl berühmteste Bauwerk Walt Disneys. Und dass es inzwischen vom *Excalibur Hotel & Casino* aus Las Vegas übernommen wurde, schmälert nicht seinen Charme.

Der ummauerte Schlosshof gilt immer noch als Deutschlands beste Gelegenheit zur Begegnung mit **unbewaffneten Angehörigen** asiatischer Völker. Obendrein ist dieses Schloss der erste Bau, der in Deutschland einen Energiepass erhalten hat. Sein energiesparender historischer Küchenofen (*Rumford-Herd* im Erdgeschoss) vermochte bereits 1886 den Bratspieß durch Eigenwärme in Bewegung zu setzen. Die warme Abluft wurde verlustfrei der Heizung zugeführt. Auf diese Weise reichte ein kleines Ferkel am Spieß zum Beheizen der königlichen Wohnung, allerdings musste das Ferkel bis auf den Aschenrest verbrannt werden. Heute genügen zwei Dönerspieße zum Beheizen des Thronsaals.

Und noch mehr Wunder: In allen Stockwerken stand von Beginn an fließendes Wasser zur Verfügung, nachhaltig angereichert mit den wertvollsten Bestandteilen von echtem Eisenerz (*Rost*) und biodynamischem **Asselkot**. Im Schlosscafé kann dieses Wasser noch heute genossen werden. Und vielleicht am wichtigsten: Nur in diesem denkmalgeschützten Bauwerk ist es erlaubt, für eine einzige Eintrittskarte (zwölf Euro) **drei Führungen auf einmal** zu genießen!

Die rasche Folge der Schlosstouren – Start alle fünf Minuten – ermöglicht dieses einzigartige Erlebnis. Während die Tour Guide in der Mitte eines Raumes das Mobiliar erläutert («Stuhl», «Bank», «Tisch»), werden die Zuhörer bewundernd Zeuge, wie der Guide der voranschreitenden Gruppe noch die Deckengemälde deutet, bevor er seine Leute aus der Tür schiebt, während auf der anderen Seite bereits die nachfolgende Gruppe hereindrängt und die **Teppichfransen** erklärt bekommt.

Diese simultane Belehrung – meist in verschiedenen Sprachen – ist europaweit einmalig. Leider kann sie in reiseunfreundlichen Monaten wie November und Februar zu selten genossen werden. Im Februar, wenn nicht mal mehr Busse die Steigung von den Parkplätzen hoch zum Schlosseingang schaffen, verweilt eine Gruppe im Schloss manchmal bis zu **sechzig Sekunden** lang allein in einem Raum, mit nur einem einzigen bis auf den Grund leergeleierten Guide.

Die Starts der Führungen erfolgen in solchen Monaten in höflichem Sicherheitsabstand, getaktet wie beim Zeitfahren eines Radrennens. Dafür kann in der Nebensaison etwas anderes und wohl noch Wichtigeres genossen werden: ein **Geschwindigkeitsrekord**.

Im Sommer werden die Gruppen in siebzehn Minuten durch die zugänglichen Räume bugsiert. Im Winter, bei unverstopften Gängen, ist eine viel höhere Geschwindigkeit möglich. Der beliebte Guide Bernhard Gudden brachte es Anfang März 2015 fertig, seine Gruppe in genau 7:42 Minuten durch die sogenannten **Prunkräume** zu jagen. «Es waren junge bis mittelalte Japaner, denen so ein Tempo nicht fremd war», erklärt Gudden. Dieser neue Rekord (der alte lag bei 8:23 Minuten, erzielt von Traudel Steiger und ihrer Gruppe Südkoreaner im Januar 2011) wird jetzt Aufnahme ins *Guinness Buch der Rekorde* finden.

Übrigens: Als Guides bewerben dürfen sich ausschließlich Personen, die den Satz «Zu Risiken und Nebenwirkungen fragen Sie Ihren Arzt oder Apotheker» in weniger als zwei Sekunden aufsagen können. Denn auf blitzschnelles, monotones Sprechen kommt es an in Neuschwanstein. Diese Einstellungsbedingung erklärt auch, weshalb so viele Guides den bekannten Satz vom **Arzt und Apotheker** so häufig in die Vorträge einfließen lassen.

Eigentlich gehört er nicht zwingend zum Text. Vielmehr besteht der Vortrag, der möglichst tonlos und gleichförmig abgespult werden muss, aus zwei auswendig gelernten Seiten zu Geschichte und Einrichtung des Schlosses. Bedauerlicherweise kommt es immer wieder vor, dass renitente Besucher einen Vortrag durch Fragen zu stören versuchen. Auf solche Fragen einzugehen, würde einen Stau verursachen, auf den andere Gruppen auflaufen würden, mit der Gefahr von **Hämatomen,** Prellungen und Meinungsaustausch. Daher erteilen die Gruppenführer niemals Antworten, sondern nur patzige Zurechtweisungen.

Gleichwohl lassen sich besonders Fragen zum Privatleben von *Deutschlands schwulstem König* (Werbung) nicht vollständig übergehen. Um dieses Interessengebiet aus dem Schloss hinaus zu verlagern, sollen baldmöglichst die einst vielgerühmten **Waldfeste** *mit jüngeren Bediensteten und Stallleuten in maurischer Tracht* wieder ins Leben gerufen werden, an Sommerabenden auch mit jenen beliebten Tänzen, «bei welchen gar kein Kostüm dem maurischen vorgezogen wird» (Dekret von König Ludwig).

Im Souvenirshop finden sich bereits etliche subtil frivole Andenken. In diesem Shop werden die Teilnehmer übrigens nach der Besichtigung für längere Zeit interniert, bis sie sich freiwillig dazu entschließen, für mindestens dreißig Euro Porzellanschwäne,

Mokkatassen, Puzzles, Kissen, Sweater, Mousepads, Brillenputz-tücher und Kondome mit aufgedruckten Schloss- oder Königspor-träts zu erwerben.

Erst danach kann die Entlassung erfolgen, manchmal übrigens bei voller Gesundheit. Lediglich bei elf Prozent der Besucher wird anschließend eine beginnende frontotemporale Demenz mit wahn-haften Schüben festgestellt, verbunden mit Störungen aus dem schizophrenen Formenkreis. Diese **Verhaltensauffälligkeiten** gel-ten bei der Bayerischen Schlösserverwaltung als Beweis dafür, dass der irre König den Besuchern besonders nahe gebracht worden ist.

EMPFOHLENE BESUCHSTAGE: Osterfeiertage, Pfingst-feiertage, bayerische Feiertage.
BESTE BESUCHSZEITEN: Ab zehn Uhr, wenn die asiatischen Busse kommen.

AUSDRÜCKLICH VERBOTEN: Heimliches Parken am Freischwimmbad Schwansee (kostenlos). Kontaktaufnahme mit Gästen, die das Schloss gerade verlassen. Sprechen und Atmen während der Führung.

WICHTIGSTE AUSZEICHNUNGEN SEIT 2010

* Little Asia Award 2011
* World's Biggest Tourist Trap 2012
* Verstopfteste Toiletten 2014
* Zen Masters Patience Award (Härteste Geduldsprobe) 2015
* Toughest Wheelchair Challenge 2016
* Wichtigste Außenstation der Oberbayerischen Kreisirren-anstalt 1886 bis heute

SIEBEN BELIEBTE FRAGEN AN DIE SCHLOSSFÜHRER

Darf ich ein Foto machen? Wenigstens von Ihnen?

Leben die Schauspieler von Game of Thrones *immer hier oder nur, wenn gedreht wird?*

Meine Mutter schafft die Treppe nicht, können Sie bitte den Essensaufzug in Gang setzen?

Welches Kissen darf ich mir aus dem Schlafzimmer mitnehmen?

Würden Sie bitte den künstlichen Wasserfall einschalten und die Regenbogenmaschine?

Was bedeutete Bismarcks Satz «Der Bayernkönig ist ein Spinatstecher»?

Und wie kommen wir jetzt nach Altschwanstein?

DER KÖLNER DOM

Jahrelang stand der Kölner Dom auf der falschen Liste. Der internationalen Kommission für das Weltkulturerbe war ein Fehler unterlaufen. Die Experten hatten den Dom als *Denkmal der Industriekultur* eingestuft! Inzwischen ist das geändert worden.

Aber war es überhaupt ein Fehler? Der Dom ist ja tatsächlich im Zeitalter der **Industrialisierung** gebaut worden, im 19. Jahrhundert, mit denselben Fertigungsmethoden wie Stahlwerke und Fördertürme; lediglich Krypta, Rumpf und ein paar Grundmauern sind älter. Und wie so viele Fabrikgebäude jener Zeit besitzt auch er eine neogotische Fassade, die den düsteren Machtanspruch des Imperialismus ausstrahlt.

Und doch, eine Fabrik ist dieses Gebäude nicht. Zwar wurde in seinen Kellern sehr fleißig mit **Ketten und Schrauben** gearbeitet, jedoch nicht zur Herstellung von Gebrauchsgütern, sondern ausschließlich zur Bekehrung von Ungläubigen. Die Welterbe-Kommission hat deshalb – und in Würdigung des erfolgreichen Großinquisitors Jakob von Soest – den Dom als *Denkmal für Folter und Inquisition* auf die Liste des Weltkulturerbes gesetzt. Leider hat sich auch dagegen bald Widerstand geregt. Vorrangig das Domkapitel verlangte eine Umlistung.

Die Experten mussten schließlich abermals beraten. Und nun – und hoffentlich endgültig! – ist der Kölner Dom erneut eingestuft worden: als *herausragendes Denkmal für Luftverschmutzung*. «Damit wird vor allem die Außenansicht gewürdigt», teilt die Kommission mit. Das Innere ist jedoch gleichermaßen düster und deprimierend. Die bedrückt herumschlurfenden Besucher absolvieren ihre **Pflichtrunde** und streben dann so rasch wie möglich ins Freie.

Eine Studie hat kürzlich die frommen Gefühle und Gedanken der Dombesucher erforscht. Die Frage lautete: Was kommt Ihnen in den Sinn, wenn Sie sich in diesem heiligen Gebäude aufhalten? Die Antworten nach Häufigkeit: der Domschatz und ob man da «irgendwie rankommen» könne, die alten Foltermethoden und wo in der Nähe ein entsprechender Club sei, «ob ich noch auf den Turm steigen muss», wo die Klos seien, und «wie ich an den kostümierten Herren mit den **Klingelbeuteln** vorbeikomme». Der spirituelle Gehalt dieser Gedanken ist nicht auf Anhieb erkennbar. Doch das hat Tradition.

Denn die berühmte Sage vom Dombau nennt einen ganz besonderen Baumeister: Satan persönlich. Dieser Sage zufolge schlief der erwählte Baumeister, Gerhard von Ryle, unter dem Gewicht der Aufgabe vor Erschöpfung ein. Als er erwachte, stand ein eleganter Fremder vor ihm und zeichnete den perfekten Bauplan in den Sand. Als Gerhard ihn fragte, ob er den Plan nutzen dürfe und was er dafür geben müsse, forderte der Fremde nichts Geringeres als seine – Gerhards – Seele und «**die Seelen aller**, die einstmals in dem Bauwerk zu beten versuchten». Den Baumeister schauderte, doch er ging darauf ein – in der Hoffnung, den Teufel zu überlisten. Das gelang nicht. Im Gegenteil. Baumeister Gerhard stürzte sich verzweifelt vom Baugerüst des Kirchenschiffs. Das war um 1300. Gott selbst, so erzählt die Sage, hat dann jahrhundertelang die Ausführung des Teufelsplanes zu verhindern versucht. Bis ins 19. Jahrhundert konnte er den Bau verzögern. Dann, mit den Mitteln der Industrie in jenem gottfernen Zeitalter, wurde der Dombau dennoch fertiggestellt. Seither spüren alle empfindsamen Menschen die seelenzersetzenden Kräfte des Widersachers, die in seinem Inneren walten.

So die Sage. Ob nun wirklich psychisch **schädliche Energien** unter den Gewölben eine geheime Macht ausüben, ist schwer nachweisbar. Lediglich dass die Menschen bleicher und deprimierter herauskommen, als sie hineingehen, lässt sich an den Bildern der Überwachungskameras ablesen. Allerdings liegt das vielleicht nur an dem enttäuschenden Eindruck, den das Innere hinterlässt. Andererseits musste die Aussichtsplattform des Turmes eng umzäunt werden, damit nicht noch mehr Menschen dem Baumeister von einst nachfolgten und sich hinunterstürzten. Bis zur Eingitterung stand der Turm ganz oben auf der Liste der weltweit beliebtesten Freitodstätten. Der Sprung von einem Kirchturm gilt bekanntlich als einzige mit dem Glauben vereinbare Form, selbstbestimmt aus dem Leben zu scheiden. In diesem Fall drängten jedoch Tourismusbüro und Stadtreinigung darauf, die **Flut der Springer** einzudämmen.

DER FLUCH DER GEBEINE

Es gibt noch ein weiteres unglückseliges Erbe. Offiziell wurde der Dom dem Schutz des Gottesverleugners Petrus anbefohlen («ehe der Hahn kräht, wirst du mich dreimal verraten»). Inoffiziell ist er drei anderen legendären Figuren geweiht: denjenigen, die in der Bibel «Magoi» heißen – **Magier** – und die später umgetauft wurden zu den «Heiligen Drei Königen». Außer beim Evangeliums-Autor Matthäus werden sie nirgends erwähnt. Und der nennt sie zwar Magier, verrät aber nirgends, wie viele es waren, ob zwei, vier oder ein Dutzend.

Ziemlich sicher ist, dass sie aus Persien kamen. «Magoi» nannte man dort die Priester des Zarathustra-Kultes. Sie beteten das Feuer an, wohl nur zufällig das Lieblingselement **Satans**. Nach dem Besuch bei König Herodes, ihrem eigentlichen Ziel, kehrten die Magier nach Persien zurück. Niemand hat je wieder von ihnen gehört.

Doch drei Jahrhunderte später wurde das Christentum römische Staatsreligion. Im Zuge dieser Wende erfand die Mutter des Bekehrungskaisers etwas, das bis heute blüht: den Handel mit Reliquien. Reliquien sind Überreste. Reste von **Leichen** – möglichst von berühmten Leichen. Knochen, Fingernägel, Haare von Elvis Presley, Marilyn Monroe oder Michael Jackson sind etwas wert. Damals reiste Kaisermutter Helena nach Palästina, um Knochen von biblischen Leichen zu erwerben. Das sprach sich schnell herum. Bald wurden ihr zahllose, auffallend gut erhaltene Knochen angeboten, bei Bedarf mit **Echtheitszertifikat** des jeweiligen Straßenhändlers. «Haben Sie auch was von den Heiligen Drei Königen?» – «Aber sicher, Madame!»

Mit drei Skeletten männlicher Gestalten versorgt, kehrte die Mutter des Wendekaisers heim. In der damaligen Hauptstadt des Weströmischen Reiches, in Mailand, wurden die Skelette zusammengesetzt, zu den Gebeinen der Heiligen Drei Könige erklärt und **mottensicher** eingesargt. Wiederum Jahrhunderte später, als Mailand vom deutschen Kaiser Barbarossa zerstört wurde, konfiszierte sein Beichtvater die Knochen. Er ließ sie nach Köln bringen.

Inzwischen durften Forscher sie untersuchen. Es handelt sich um die Überreste von zwei Männern, dreißig und fünfzig Jahre alt, und einem Jungen, zwölf Jahre alt. Die Schwulenszene von Köln jubelte und grüßte die geheiligten **Knabenliebhaber**. Die Forscher mahnten jedoch zur Vorsicht: Es könnten auch ganz normale Heteros sein, zum Beispiel «Großvater, Vater und Sohn».

Jedenfalls liegt das, was von ihren Knochen übrig ist, jetzt in etwas, das zum *Dreikönigsschrein* ernannt worden ist. Er steht hinter dem Altar und soll zwar nicht berührt, jedoch bestaunt werden. Bei der **Cologne Pride** am Christopher Street Day und zu ähnlichen Festen wird der Schrein von vielen dankbaren Menschen besucht.

WISSENSWERTES

* Der Dom liegt in unmittelbarer Nähe zum **Hauptbahnhof**. Seine an Nischen reiche Außenfassade gilt, besonders nach Einbruch der Dämmerung, als meistbesuchte öffentliche Toilette Kölns.

* Der Legende nach spendete der Teufel einen gigantischen Stein als Basis, die jetzige *Domplatte*. Deshalb hat das Grundstück offiziell die Adresse **Teufelsstein**, Domkloster 4, 50667 Köln.

* Neben Bamberg und Würzburg war Köln ein Hauptort der Inquisition. Sünderinnen wurden hier erfolgreich befragt, ob sie Priester verzaubert, **Raupen** gezeugt oder Hostien verhext hatten. Verstockte Delinquenten konnten zum Glück durch Streckbänke, Beinschrauben, Stricke und glühende Eisen zu konstruktiven Aussagen bewegt werden.

* INSIDER-TIPP: Besichtigungen des Innenraumes während einer Messe gewähren einen authentischen Einblick in die tiefe **Frömmigkeit** des kölnischen Volkes.

HEIDELBERG

Den besten Eindruck von Heidelberg bekommt man auf dem sogenannten *Philosophenweg*. Das ist ein hügelaufwärts führender Pfad jenseits der Stadt, auf dem gegenüberliegenden Ufer des Neckars. Zugegeben, man sieht die Altstadt von dort nicht oder nur manchmal, in raren kleinen **Ausschnitten**. Die Bäume sind zu hoch, besonders diejenigen hinter den Zäunen und Mauern der Privatgrundstücke. Doch gerade das ist authentisch und landestypisch. Die Einheimischen möchten ihre gute Lage und den Blick allein genießen und nicht mit dahergelaufenen Wanderern teilen.

Das gibt auch schon eine Vorstellung von der Stimmung in der Altstadt selbst. Dort wohnen ebenfalls echte Menschen, darunter einige **Einheimische**. Und die mögen Gäste nicht, vor allem nicht solche, die ungebeten durch die Gassen laufen. Gäste gaffen. Gäste lärmen. Gäste machen Schmutz. Übrigens vermittelt sogar davon der *Philosophenweg* einen lebendigen Eindruck. Erst im vergangenen Jahr wurde er zum dritten Mal in Folge vom *Verein Saubere Kurpfalz* als der «am stärksten zugemüllte Wanderweg der Region» ausgezeichnet (aber nicht gereinigt).

Wer sich die paar Kilometer durch Müll, Gestrüpp und Mauern aufwärts müht, wird jedoch belohnt. Nicht weil hier Philosophen anzutreffen wären; die hocken glücklicherweise unauffindbar in den **Absturzkneipen** der Vorstädte. Nein, am Ende des Weges öffnet sich der Blick auf das, was Heidelberg im In- und Ausland so berühmt gemacht hat: das Universitätsklinikum mit dem Zen-

23

trum für **Organtransplantation**. In jenen hohen Häusern geht es um Spenderorgane.

Wie elementar solche Organe in Heidelberg sind, machen auf diesem Pfad bereits die Mountainbiker deutlich, die den Philosophenweg als Parcours nutzen und störende Wanderer auch schon mal umnieten, nicht selten für immer. Tröstlich: Der Weg zur Transplantation ist nicht weit! Wer nicht mehr bei Bewusstsein ist, wird es nicht wiedererlangen. Dafür kann er jedoch sicher sein, dass seine Organe in gute Hände kommen und wenig später auch **in gute Körper**. Wer Heidelberg kennt, weiß: Für ein bisschen Extrageld macht ein Patient hier in der Organsucher-Tabelle einen Sprung nach oben, in den «High Urgency»-Bereich, auf die Champions-League-Plätze der Empfänger, unter die Fälle von besonderer Dringlichkeit.

Doch wer als gewöhnlicher Tourist nach Heidelberg kommt, soll gewöhnlich nicht etwas empfangen, sondern möglichst viel spenden. Das wird ihm leicht gemacht. Zum Beispiel in der wichtigsten Straße der Altstadt, der **Hauptstraße**. Sie ist eine einladende Fußgängerzone, in der es alles zu kaufen gibt, was es überall in allen Fußgängerzonen zu kaufen gibt. Die Filialen der Geschäfte gleichen denjenigen in anderen Städten zum Verwechseln, sogar die Souvenirs sind dieselben. Verzeihlich, dass ausländische Tagestouristen hier nicht mehr wissen, an welchem Ort sie sich befinden. Mancher Asiate glaubt angesichts etlicher Asialäden sogar, die Abreise aus der Heimat verpasst zu haben, und bemüht die Reiserücktrittsversicherung.

Fußmüde Wanderer lädt das **Kurpfälzische Museum** zum Schlummern ein (gepolsterte Bänke, wenige sehr betagte Aufseher), und ein historischer **Studentenkarzer** zeigt, was einst jenen Studierwilligen passierte, die sich den erotischen Avancen ihrer Prüfer widersetzten. Sie bekamen schlechte Noten, genau wie heute. Wer am Ende der Fußgängerzone zum Fluss abbiegt, trifft dort auf die beliebte B 37, eine Bundesstraße, die recht hübsch die Uferpromenade ersetzt. Von hier aus ist auch die **Alte Brücke** zu sehen, mit den unablässig hinüberrollenden Segways und den Brückenspringern, die von der Brüstung aus ihre Saufwetten einlösen. Ehemalige, jetzt gelähmte Springstars warnen vor hartem Treibgut, geringer Wassertiefe und den Fundamenten der Pfeiler. Auch trainierte Polizisten kommen oft nicht zu den Opfern durch, aufgrund der Strömung oder weil sie damit beschäftigt sind, eindrucksvolle Youtube-Filme aufzunehmen.

Sehr schön von hier unten zu sehen: die **Ruine** am Hang, die vom Tourismusbüro beharrlich als *Schloss* ausgegeben wird. Sie sieht aus wie eine im letzten Weltkrieg ausgebombte Fabrik des 19. Jahrhunderts. Und möglicherweise ist sie das auch. Trotzdem werden immer noch Besuchermassen (eine Million pro Jahr) zum Aufstieg genötigt, alternativ auch zur Auffahrt mit einer reparaturbedürftigen Bergbahn, und zur Besichtigung verdonnert. Zu sehen sind vor allem Bauzäune und Gerüste und zerfallenes Mauerwerk. Und ein Brunnen, in den man sich aber wegen der Vergitterung nicht stürzen kann.

Wer richtig viel Pech hat, entgeht nicht mal der Führung durch die Innenräume, vorgenommen von einer leiernden Mindestlohnempfängerin. Zu sehen ist drinnen ein großes Weinfass nebst einem schnarchsäckigen **Apothekenmuseum**. Laut jüngsten Umfragen interessieren sich nicht einmal Apotheker für die «historischen» Mörser, Destillierkolben, Schränke und Schubladen. Tafeln informieren darüber, dass Fotografieren verboten sei; aber niemand käme auf die Idee, hier auch nur ein Handy zu zücken. Allenfalls den Selfiestick, um sich den Weg nach draußen freizuprügeln. Von dort, von einem terrassenartigen Balkon, kann man das Neckartal überblicken und sich die berühmte Frage stellen, die sich bereits der Reisende Mark Twain an dieser Stelle gestellt hat: Was mache ich nur hier?

BELIEBTESTE SOUVENIRS: Kuckucksuhren, Plüsch-schweine, Kochtöpfe aus Cromargan.

MEISTGEHÖRTER SATZ: «Wann dürfen wir wieder nach Hause?»

HÄUFIGSTE EVENTS IN DER ALTSTADT: Knöchelbruch, Hörsturz, Schlaganfall.

BERÜHMTESTER GAST: Helmut Kohl (aber nur im Universitätsklinikum).

BERÜHMTESTER EINHEIMISCHER: der «Weihnachts-würger» (zur Zeit wieder hinter Gittern).

WICHTIGSTER NACHHALTIGKEITSBEITRAG: Ver-wertung abgelaufener Lebensmittel in den Restaurants.

ROTHENBURG OB DER TAUBER

Das mittelalterliche Rothenburg ist zu Ruhm gekommen als Geburtsstadt des **Komasaufens**. In diesen alten Mauern wurde diese lieb gewordene Tradition vor fast vierhundert Jahren begründet. Trotzdem muss die Stadt immer noch auf einen Eintrag auf der Welterbeliste warten.

Sei's drum – um den alten Brauch lebendig zu erhalten, streben jährlich über eine Million Menschen aus aller Welt in die Gassen. Sie stolpern über **extra krumm** verlegte Pflastersteine, stoßen sich an niedrigen Hauseingängen und nehmen ein Pflichtprogramm in Kauf, das aus dem Bestaunen brüchiger Türme, Tore und Wehrgänge besteht. Erst wenn die Gäste auch noch Museen mit Urkunden und Dokumenten absolviert haben und durchs überheizte Weihnachtskaufhaus geschleust worden sind, dürfen sie zum Humpen greifen, um – wie es in der Werbung heißt – «einen veränderten **Bewusstseinszustand** zu erreichen». Wissenschaftler sprechen weniger poetisch von «exzessivem Alkoholkonsum mit dem erklärten Ziel, betrunken zu werden».

Fast alle Touristen, die sich durch die Gassen geschleppt haben, wünschen sich nichts sehnlicher als genau das. Der Rothenburger Erfinder des Komasaufens, der einstige Bürgermeister Georg Nusch – liebevoll *Nuschel* genannt – driftete im Jahre 1631 mit sagenhaften 13 Schoppen Wein ins **Delirium**. Heutigen Nachahmern genügt oft schon die Hälfte. Die Betreiber der auf romantisch getrimmten Kneipen beobachten diese Genügsamkeit mit Verdruss.

Die Asiaten vertrügen zu wenig, klagen die Wirte. Doch es sind nun mal vornehmlich Asiaten, die das Städtchen besuchen. Extra für sie mussten die Preise verdoppelt werden.

Nuschel rettete einst mit seinem **Drei-Liter-Koma** (13 Schoppen in einen Humpen gekippt und in einem Zug geleert) die Häuser vor den Kanonen des Eroberers Tilly, mit dem er um die Trinkfestigkeit gewettet hatte. Heute ist man zufrieden, wenn die in Bussen herangekarrten Säufer wenigstens die Erhaltung der Grundmauern finanzieren. Jedem wird zunächst die Fassade des Rathauses vorgestellt. Jeweils zur vollen Stunde öffnet sich dort links und rechts der Uhr ein Fenster, hinter dem **geschnitzte Figuren** mit knarrender Langsamkeit den *Meistertrunk* nachspielen: links Feldherr Tilly, rechts der Humpen hebende Nuschel. Sein Koma ist nach zwei Minuten erreicht, Fenster zu, das Publikum zerstreut sich ernüchtert.

Damit die Touristen ebenso durstig werden wie Nuschel, drängt man sie, die Stadtmauer abzuschreiten, in Gewölbe zu kriechen, Waffenkammern und Klosterküchen zu bewundern und das Kriminalmuseum zu besuchen. Dort werden Strafinstrumente gezeigt, die bis ins 19. Jahrhundert angewandt wurden: Schandmasken, Halsgeigen und **Folterwerkzeuge**, mit denen Betrüger gepeinigt wurden, die Reisende um ihr Geld geprellt hatten. Das liberale Strafrecht von heute lässt in Rothenburg dergleichen Gauner ungehindert ihr Werk verrichten.

Wenige hundert Meter weiter werden die Stadtbesucher ins **Weihnachtsmuseum** genötigt, das eigentlich ein Kaufhaus ist. Hier wird zukünftiger Plastikmüll in den Farben Rot und Weiß veräußert. Asiatische Gäste, vor allem aus China, brechen immer wieder in lautes Entzücken aus, denn fast alles, was hier zu sehen ist, von der Spieldose bis zur Pyramide, haben sie selbst in Qingdao oder Shenyang hergestellt, wenn auch zu einem Bruchteil des Preises.

Rasch noch einen kostenlosen Probierkeks abgreifen, dann ist der Durst groß genug für den Vollrausch. Nur noch die fünf Plätze der fünf wichtigsten **Brunnen** einprägen. Strategisch günstig über die Stadt verteilt, eignen sie sich später vorzüglich zum – wie eine alte Chronik es ausdrückt – *Ableichtern* auf dem Weg von der Kneipe zum Hotel. Denn wie nah das Hotel dem Zapfhahn auch stehen mag, der Weg ist ohne Unterbrechung nie zu schaffen.

Wer richtig Pech hat, wird vor seinem persönlichen Meistertrunk noch in der Dämmerung abgefangen – von einer Gruppe, die sich um einen kostümierten **Nachtwächter** geschart hat. Also Vorsicht! In jeder deutschen Stadt, die mehr als drei Fachwerkhäuser aufweist, ist solch lichtscheues Gesindel unterwegs. Die kostümierten Darsteller, oft mit Laterne und Hellebarde ausgestattet, sollen an einen wichtigen Berufsstand erinnern. Bis zum Ende des 19. Jahrhunderts hatten Nachtwächter nicht nur die Aufgabe, öffentliche Petroleumlampen und später Gaslichter zu entzünden. Sie waren vor allem zuständig für den sogenannten **warmen Abriss**. Als ausgewiesene Experten legten sie, wie Feuerwehrleute heutzutage, gegen Bezahlung kleine Brände, die zum Beispiel einen verhexten Stall oder das Haus eines Feindes in Rauch auflösten. Bei unsachgemäßer Handhabung wurde dabei leicht auch die ganze Stadt abgefackelt. Da hieß es löschen. Und das ist auch heute noch das Wichtigste in Rothenburg.

DIE WICHTIGSTEN GEBÄUDE NACH DEM MEISTERTRUNK

GEORGSBRUNNEN am Marktplatz. Eindrucksvollstes Fassungsvermögen, auch für große Reisegruppen geeignet.
HERRNBRUNNEN in der Herrngasse, mit Wasserspeiern zum Händewaschen. Achtung: Die Meerjungfrau auf der Säule hat tatsächlich *zwei* Fischschwänze.

JOHANNISBRUNNEN in der Schmiedgasse, neben der Johanneskirche. Klein, beinahe versteckt, für längere verschwiegene Verrichtungen.

RÖDERBRUNNEN in der Rödergasse, mit ergonomischem Gitter zum Abstützen beim Vorbeugen.

SEELBRUNNEN auf dem Kapellenplatz. Vorsicht: mit spitzem Lanzengitter! Nur für Geübte.

STADTMAUER mit zahlreichen Lauben und Nischen. Vorher vergewissern, ob schon besetzt.

WICHTIGSTES TOR

Der kleine Durchschlupf am großen Burgtor, zur unauffälligen Flucht vor der Reisegruppe.

BEDEUTENDSTE BESUCHERGRUPPE

Generarion aktiv.

HÄUFIGSTES EREIGNIS

Bandscheibenvorfall.

BERLIN UND SEINE MITTE

Doch, ja, das ist es! Das berühmte **Brandenburger Tor**, vor dem die Fußballnationalmannschaft feiert, wenn sie ein wichtiges Spiel verloren hat. Das Tor, vor dem US-Präsident Ronald Reagan einst öffentlich die brennenden Fragen stellte: «Was ist das, und wo sind wir?» Und es ist das Tor, auf dessen anderer Seite, im Schatten der Säulen, Erich Honecker den russischen Bruder Michail Gorbatschow zu küssen versuchte.

Bis 1990 markierte das Brandenburger Tor die Grenze zwischen Ost-Berlin und West-Berlin. Im öden Brachland wirkte es damals größer. Inzwischen, von Neubauten umstellt, macht es einen geduckten Eindruck. Die meisten Besucher finden es unspektakulär, machen ein säuerliches Selfie und gehen weiter.

Schade! Denn der poröse **Elbsandstein**, aus dem die Säulen errichtet wurden, eignet sich besser als an jedem anderen Berliner Denkmal zum Einkratzen von Namen, Daten und kleinen Zeichnungen. Bezahlt wird neuerdings leider nichts mehr dafür.

Dafür taugt der Platz auf der Ostseite, der *Pariser Platz*, immer noch zum Geldverdienen. Hier können Familienväter die **Reisekasse** aufbessern, indem sie ihre Kinder zum Betteln ausschicken. Kinderlose können sich eine Maske aufsetzen (Alien, Putin, Guy Fawkes) und mit ausländischen Touristen für Fotos posieren. Fünf Euro werden von Japanern dafür bezahlt.

Professionelle Spaßmacher, die sich als **russische Soldaten** kostümieren oder als Berliner Bär, gelbes Huhn oder Micky Maus, werden neuerdings häufig vom Platz vertrieben, was für viel Spaß und Bewegung sorgt. Mobile Würstchengrills und Flyerverteiler müssen ebenfalls schnell sein. Den lebenden Statuen hingegen wird geraten, so echt wie möglich zu erstarren, damit die Aufseher keinen Verdacht schöpfen. Jongleure, Gaukler, Seifenbläser müssen weg.

Der Platz soll freigehalten werden von Kleinkünstlern, damit die wirklich großen Künstler zur Geltung kommen: die Präsentanten von Fashion Weeks, Luxuswagen und Stage-Events. Für solche Ereignisse wird das graue Tor eingerüstet und mit Werbung verhängt. Das ist allerdings **höchstens an dreihundert Tagen** im Jahr der Fall.

Und auch dann können Besucher oft noch die *Quadriga* erspähen, die Statue des Siegeswagens auf dem Dach. Wer genau hinschaut, erkennt unschwer, dass sie nicht vollständig ist. Immer fehlt etwas. Absägbare Teile – Hufe und Zaumzeug der Pferde, Flügelspitzen der Siegesgöttin, Speichen ihres Wagens – befinden sich regelmäßig zur **Kupferverwertung** in Polen. Kenner können sie bei eBay ersteigern, als Stange, Rolle, Blech oder – immer am günstigsten! – als Granulat.

WISSENSWERTES

* Der Preußenkönig Friedrich Wilhelm II., «der dicke Lüderjahn», ließ das Tor 1790 nach antikem Vorbild erbauen. Allerdings musste der mittlere Durchgang **extra breit** sein, «damit Ihro beleibte Majestät hindurchpasst». Majestät, bald zu schwer für die eigenen Beine, musste ab 1793 hindurchgetragen werden.

* Westlich des Tores liegt der *Platz des 18. März*, benannt nach dem Tag, an dem Christian Wulff 2012 als Bundespräsident **zurücktrat**. Hier beginnt die Straße des 17. Juni,

so getauft zum Gedenken an den Tag der Unabhängigkeit Islands.

* Östlich können geduldige Beobachter ein hübsches Schauspiel an der Fassade des *Hotels Adlon* beobachten. Immer wieder halten dort – wie einst Michael Jackson – junge Eltern ihre **Babys** aus dem Fenster, bevorzugt aus dem *King of Pop Memorial Window*. Von unten wird fotografiert.

* Hoffnung für Reisende mit **alten Eltern:** Seit einigen Jahren ist das Betteln unter Vortäuschung von Krankheiten und Behinderungen verboten. Weisung des Ordnungsamtes: «Die Behinderung muss echt sein!» Alte Eltern mit Hut herumschlurfen lassen und vom Café aus beobachten.

FALLS DAS TOR ZUGEHÄNGT IST

Ein anderes Berliner Tor fotografieren! Die Unesco weigert sich ohnehin, das Tor am Pariser Platz auf die Liste des Welterbes zu setzen. Mehr Chancen haben die folgenden Bauten, die ebenfalls *Brandenburger Tor* heißen:

* Das Brandenburger Tor **am Luisenplatz in Potsdam**, errichtet unter Friedrich dem Großen, älter und wuchtiger als das Tor in Berlin. Von erstaunten Touristen («sieht anders aus als im Fernsehen») werden hier mehr Fotos gemacht als am Pariser Platz.

* Das Brandenburger Tor in **Altentreptow** (bei Neubrandenburg), erbaut um 1450, also wesentlich ehrwürdiger, allerdings auch wesentlich trübsinniger. Günstige Übernachtung und Verpflegung im Hotel «Zur Kegelbahn».

* Das Brandenburger Tor in **Königsberg** (Kaliningrad), ein neogotisches Gebäude, das russischen Bustouristen auf

Schnäppchenreise («alle europäischen Sehenswürdigkeiten an einem Tag») als das eigentliche Brandenburger
Tor vorgeführt wird.

* *Vorsicht, Fälschung*! In der westlich von Berlin gelegenen
Stadt Brandenburg an der Havel gibt es einen Fußballverein.
Dieser **Brandenburger SC** gibt seine beiden Tore sowie
alle von ihm erzielten Treffer als «Brandenburger Tore»
aus. Wegen des Verdachts der bewussten Irreführung sollen
baldmöglichst Untersuchungen eingeleitet werden.

SONST NOCH IN BERLIN

Die **Museumsinsel**. Ein *Muss* für alle, die langes Schlangestehen
noch genießen können. Hier sind ein paar schöne Stunden drin,
wie vor den Attraktionen in einem Vergnügungspark. Natürlich mit
dem Unterschied, dass hier weder Attraktion noch Vergnügen folgen. Das Schlangestehen sei «schon Genuss genug», hat ein frühe-
rer Berliner Kultursenator vermutet.

Er hat recht. Anders ist es kaum zu erklären, dass alle Kulturbe-
flissenen sich wie auf Kommando auf den Weg machen und sich
sonntags ab elf Uhr einreihen. Am liebsten vor einer Sonderausstel-
lung und dann im Sommer, wenn die Sonne es so richtig gut meint
und die **Dieselabgase** der Ausflugsschiffe («Spreefahrt») vollfett
und dunkel heraufwabern. Die Museumsinsel ist nur theoretisch von
Wasser umgeben, praktisch aber von betäubenden Verpuffungen.

An solch heißen, emissionsreichen Tagen rückt die Schlange oft
schneller vor als erwartet. «Pro hundert Anstehenden kippen sieben bis elf pro Stunde um», berichtet ein Wärter am *Neuen Museum*.
Manche der Zusammengesackten lassen sich wiederbeleben, müssen sich dann allerdings wieder **hinten anstellen**. Senioren bleiben
größtenteils liegen, obwohl gerade ihnen ermäßigter Eintritt zu-

stände. Schade. Doch es sind gerade diese kleinen Begebenheiten, die das Anstehen zu einem Erlebnis machen.

Und selbst drinnen kann es noch abwechslungsreich werden. Mögen die ausgestellten Werke auch hinter den Erwartungen zurückbleiben – das Durchschreiten der Säle und Gänge lohnt sich. Wegen des Aufsichtspersonals. Das ist viel faszinierender als die Bilder und Statuen. «Unsere Aufsichten sind angehalten, sich unauffällig zu bewegen, sich behutsam zu nähern und die Besucher ebenso dezent wie unmissverständlich auf **Fehlverhalten** aufmerksam zu machen», heißt es in einem offiziellen Papier der *Stiftung Preußische Obrigkeitskultur*.

Zum Fehlverhalten gehört das Ausziehen eines Pullovers bei laufendem Betrieb, die Annäherung an ein Ausstellungsstück bis auf weniger als Armeslänge, ein fachfremdes Gespräch oder das Lachen, Schnauben und **Niesen** vor einem unverglasten Werk. (Auch vor verglasten Werken ist *das rechtzeitige Abwenden vor jeder körperlichen Entäußerung* vorgeschrieben, Kleingedrucktes lesen!). Zum Glück schreitet das Personal rechtzeitig und beherzt ein. Es folgt verdächtigen Personen – «und letzten Endes sind alle verdächtig» – in angemessenem Abstand auf Schritt und Tritt und hält auch vor dem WC Wache.

«Wer irgendwo länger verweilt, muss sich damit abfinden, dass eine Aufsicht kommt und nachschaut, was er da tut», heißt es von Seiten der Stiftung. «Das geschieht nicht zuletzt zu unserer eigenen Sicherheit.» Besonderes Augenmerk gilt Besuchern des **Neuen Museums**, das – wie der Name schon andeutet – die vor- und frühzeitlichen Kulturen Eurasiens würdigt. «Das interessiert in Wirklichkeit niemanden, deshalb ist jeder Eintretende von vorneherein verdächtig.»

Besucher der **Alten Nationalgalerie**, in der die neuere Kunst zu sehen ist, werden unterdessen dreifach überwacht – per Chip, per Kamera und per persönlicher Begleitung durch eine Aufsicht. «Wir möchten einfach, dass jeder Besucher sich rund um die Uhr beobachtet fühlt, sodass er das Gefühl bekommt, etwas falsch zu machen, **Schuldgefühle** entwickelt und sich als genau das fühlt, was er ist: ein potenzieller Straftäter.»

Wie die Aufsichten das anstellen, wie sie sich heranpirschen, dann rasch vorgeben, sie sähen nicht hin, wie sie sich zunächst geduckt anschleichen, jedoch im letzten Moment abwenden, wie sie es bis zuletzt vermeiden, den Besucher direkt anzuspringen, es sei denn, sie müssen ihn wegen Niesens abführen: das ist höchste Artistik, das ist verdeckte Ermittlung im kultiviertesten Sinn, das ist detektivische Meisterschaft, das lohnt das Hinsehen und Dranbleiben, denn mehr als alles andere in diesen Museen ist das – **Kunst**.

Für Gegner der Musik, der Monarchie und der Staatskirche steht gleich nebenan, auch noch auf der Museumsinsel, der **Berliner Dom**, nicht zu verwechseln mit dem bescheidenen *Deutschen Dom* am Gendarmenmarkt. Das protzige Monstrum hier wurde vor hundert Jahren vom unbeliebtesten deutschen Monarchen in Auftrag gegeben, von Wilhelm II. Er wünschte sich ein deutsches Pendant zum indischen Taj Mahal, also eine würdevolle Ruhestätte von majestätischer Dimension. Das hat geklappt. Fast hundert Verwandte des geflohenen Kaisers werden in der Gruft des Trumms aufbewahrt, überwiegend in Form von Staub und Knochen.

Die wenigsten Besucher jedoch gelangen bis dorthin. «Vor allem ausländische Gäste wenden sich immer wieder mit Flüchen ab», heißt es am Eingang. «Deutsche Gäste kommen erst gar nicht.» Denn die wissen schon: Hier wird Geld eingezogen. Sieben Euro Eintritt pro Person möchte der Kassenwart einnehmen. Fast alle regen sich darüber auf. Motto: Eintritt entspreche nicht dem **Sinn eines Gotteshauses**. Wer also ohnehin die Kirche hasst, kann hier richtig glücklich werden und herrliche Verwünschungen ausstoßen. «Aber auch wer Leute sehen will, die so tun, als seien sie gläubig und als wollten sie beten und müssten deshalb dringend kostenlos rein, wer also hochbegabte Heuchler erleben möchte, der kommt hier ebenfalls auf seine Kosten. Es ist eine Art Casting.»

Was der Kassenwart verschweigt: Auch für Feinde der Musik ist dies genau der richtige Platz, leider nur gegen Entrichtung des Eintrittsgeldes. Denn drinnen herrscht ein derartig verblüffender **Nachhall**, dass jedes Konzert, ja jeder zaghafte Orgelton zum unentwirrbaren Cluster wird. Predigten sind schlicht nicht zu verstehen, nicht mal für den Prediger. Was übrigens zu hören ist für denjenigen, der die Kirche an einem beliebigen stillen Vormittag betritt, das ist das Konzert vom Vorabend, dessen akustisch verschmierte Reste noch aus irgendeiner Kuppelwölbung herabtropfen.

So erdrückend der barock getrimmte Dom also sein mag – er bietet unnachahmliche Möglichkeiten, sich aufzuregen und das eigene Überlegenheitsgefühl zu steigern. Leider hat er neuerdings eine schwer zu besiegende Konkurrenz bekommen: das **Stadtschloss**.

Bekanntlich handelt es sich um eine Rekonstruktion des im Herbst 1950 abgerissenen jahrhundertealten Gebäudes. Über das Remake ist alles und das Gegenteil von allem gesagt worden. Nun steht es da, ist angeblich mit allerlei unverzichtbarer Kultur gefüllt und gefällt von außen den ausländischen Besuchern. Deutsche sehen es kritisch, mit Bedenken, mit Vorbehalt, mit Bauchschmerzen, mit gebotener Skepsis, mit einem Gefühl von Scham, in tiefer Sorge und mit der Bereitschaft, sich bei fremden Besuchern dafür zu entschuldigen. Die intelligentesten Argumente gegen das Schloss müssen stets zur Hand sein, falls ein Mitreisender sich da*für* begeistert. Auf der folgenden Seite stehen sie.

* Das Geld hätte man besser verwenden können.
* Dieser Bau hat keine authentische Verbindung mehr zum einstigen Schloss.
* Geschichte lässt sich nicht ungeschehen machen (reicht als gemeißelter Satz, nicht weiter ausführen!).
* Das ist nur was für Ewiggestrige (nicht benutzen, wenn der reiche Patenonkel begeistert ist!).
* Man hätte ein Konzept in der Architektursprache unserer Zeit finden müssen (nicht genauer erklären, wird sonst schwierig).
* Ein monarchistisches Gebäude passt nicht zum Erscheinungsbild einer Demokratie (Argument nicht verwenden gegenüber Engländern, Dänen, Schweden, Holländern, Österreichern).
* Hier stand dreißig Jahre lang der *Palast der Republik*, und der war viel eindrucksvoller als Zeichen seiner Zeit, auch und gerade in seiner Widersprüchlichkeit.
* Das ist reines Disneyland (nicht im Beisein von Kindern verwenden, die wollen sonst rein).
* Hier hätte man ein Zeichen setzen können (nicht näher ausführen).

ENTSORGUNG LÄSTIGER MITREISENDER: «Macht ihr doch mal den klassischen Spaziergang Unter den Linden, wie früher Fontane, einfach vom Schloss bis zum Brandenburger Tor und zurück! Wir haben den schon zu oft gemacht, aber das ist wirklich unvergleichlich, *das* ist Berlin!» Und tschüs für den Rest des Tages. Gestürzte, Geknickte, Infarktpatienten und Beraubte findet man später in dem berüchtigten, aber nahen Spital namens **Charité**.

POTSDAM UND SEINE SCHLÖSSER

Touristen, die nach Potsdam kommen, wollen vor allem das **Schloss Sanssouci** sehen und vielleicht noch durch den Park zum **Neuen Palais** schlendern. Falls sie nicht gerade mit dem Charterbus vor der Tür abgesetzt werden, werden sie das nicht unbedingt schaffen. Es gibt kaum oder gar keine Schilder, die den Weg durch die Anlagen weisen.

Das gehört zum pädagogischen Programm **authentisches Preußen**. «Die einstigen Schlossbewohner benötigten auch keine Schilder», erläutert ein Sprecher der Verwaltung. Erschwerend kommt hinzu, dass zum Erwerb von Tickets für die Besichtigung die *Berlin Abzock Card* (ab 2017 *Berlin Welcome Card*) hier wenig nützt, schon gar nicht für die schmalen Zeit-Slots.

«Friedrich der Große bekam auch keine Vergünstigung», meldet das Kassenhäuschen. Die Gastronomie ist authentisch jämmerlich, denn «der Preußenkönig legte auch keinen Wert aufs Essen». Benutzbare Toiletten (ein Euro) liegen weit entfernt, «denn damals gab es auch keine WCs». Alles authentisch.

Der Park macht einen bejammernswerten Eindruck; die Rasenflächen sind der Überwucherung preisgegeben, die Bäume dem Verfall überlassen, **Statuen** sind kaputt oder fehlen. «Denn das war schon zu Friedrichs Zeiten so.» Doch für den Webauftritt und für die Kataloge sind irgendwann mal Fotos gemacht worden von leuchtenden Blumenbeeten, sandgestrahlter Architektur und marmornen Grazien. Auch die Springbrunnen müssen mal gesprudelt haben, und die Blickachsen des Gartens waren mal frei und nicht überwuchert.

Engagierte Guides versuchen die Enttäuschung der Besucher abzufangen durch brisante Details aus Friedrichs frauenfreiem Liebesleben – «dafür brauchte er Dickicht und wildes Buschwerk und keine frei geschnittenen Perspektiven». Sogar der Platz wird gezeigt, an dem sein erster Lebensgefährte, mit dem er in der Jugend fliehen wollte, geköpft wurde. Die **Hinrichtung**, bei welcher der 18-jährige Friedrich zusehen musste, fand eigentlich hundertachtzig Kilometer östlich von Potsdam statt. «Aber die meisten Besucher möchten den Platz lieber hier sehen», erklärt ein Guide, «zumal die originale Stätte jetzt in Polen liegt.» Auch was Friedrich im *Chinesischen Haus* oder in den *Römischen Bädern* mit eingeladenen sogenannten Geistesgrößen veranstaltete, wird freimütig angedeutet, ob es wahr ist oder nicht.

Das ist der unterhaltsame Teil. Wer den Fehler macht und das **Schloss** von innen besichtigt (Familienkarte schon ab fünfzig Euro), ist schnell wieder draußen – sofern das Gedränge das zulässt. Der Bau ist überraschend klein, und nur ein Teil der Räume kann durchschritten oder vielmehr durchschoben werden. Dass alles schmuddelig wirkt, darf wieder als authentisch durchgehen. Fotos zu machen, lohnt nicht. Wer eine Fotoerlaubnis erworben hat, wird es dennoch tun. Dafür muss allerdings die Erlaubniskarte emsig vorgezeigt werden, in jedem Raum aufs Neue. «Das Kontrollieren verschafft unseren Wärtern eine tiefe Befriedigung.»

Auch das ist authentisch preußisch. Gegen Aufpreis können die Besucher durch Besichtigung von Küche und Weinkeller ihre Enttäuschung noch vertiefen. Der Weg führt dann gewöhnlich durch den Park, der mehr ein vernachlässigter Wald ist, im Strom der Passanten auf der Hauptallee entlang zum **Neuen Palais**. Der monströse Bau war dem Auftraggeber Friedrich selbst am Ende

peinlich. Dieser **Palazzo Prozzo** blieb der Abschiebung unwill-
kommener Gäste vorbehalten und diente später dem letzten Kaiser
Wilhelm II. zum affigen Repräsentieren.

Heute finden gelegentlich historische Ausstellungen statt. Für
deren Einlass ist die Besucherzahl streng limitiert. Das Schild
«ausverkauft» begrüßt besonders herzlich diejenigen, die sich per
Shuttlebus eigens vom Bahnhof herankarren ließen.

Eine bemerkenswerte Nebensache: Vom hässlichen *Grottensaal*
im Palais – mit angepappten Muscheln und Mineralien an den Wän-
den – stammt das von Wilhelms Gattin Auguste Viktoria geprägte
Wort «grottig» für auserlesene Scheußlichkeiten.

LÄSTIGE VERWANDTE LOSWERDEN: Ins *Neue Palais*
schicken. Alle Besucher müssen hier Schlappen anlegen,
deren abenteuerliche Rutschigkeit mittlerweile vor Gericht
als Klagegrund anerkannt worden ist. «Oma, darin kannst du
ganz easy übers Parkett gleiten! Wie schon Kaiser Wilhelm
und seine liebe Frau!» Und tschüs. Hüften, Kniescheiben,
Rückenwirbel ältlicher Besucher gehen hier serienweise zu
Bruch. Oma einfach gleiten lassen, derweil entspannt im Café
abwarten. Nach ein paar Stunden arglos nachfragen. «Was?!
Ins Sankt-Josefs-Krankenhaus? So ein Pech! Dann müssen wir
ohne sie weiterreisen!»

DRESDENS SCHÄTZE

Er wolle Dresden zur «Stadt der schönen Täuschungen» machen, verkündete **Barockplauze** August der Starke. Mit ein paar Jahrhunderten Verspätung ist das gelungen. Die Frauenkirche ist nicht echt, die Häuser um den Neumarkt sind Fälschungen, die Schätze im Grünen Gewölbe sind Repliken, die eigentliche Altstadt ist die Neustadt, und nicht mal die Bettler vor der Semperoper oder auf der Brühlschen Terrasse sind authentisch.

Besonders bitter ist die Enttäuschung beim **Zwinger**. Liberalen Paaren aus angelsächsischen Ländern und aus Polen werden von Reiseunternehmen immer wieder *Abenteuer im Zwinger Club* angedreht. Wenn sie ihn suchen, stellen sie fest: Ja, es gibt einen Club mit diesem Namen. Doch er besteht aus Rentnern, die gegen kleines Trinkgeld durch die Dauerbaustelle namens Zwinger führen.

Was Swinger suchen – Schmuddeliges, Dreckiges, Nacktes –, das gibt es hier zwar auch, jedoch nur in der herkömmlichen Bedeutung. Schmuddelig ist die Schlossanlage, dreckig sind die eingefassten Teiche, nackt wirken die gerupften Gartenanlagen. Ein Rest Sinnlichkeit geht allenfalls von den pummeligen **Putten** aus, die von der Mauer hinunterblicken auf die ganze hingebreitete Dürftigkeit. Und sogar sie wirken räudig.

Besucher mit richtig schlechtem Karma zahlen womöglich noch Eintritt in der Hoffnung, im warzigen Schlossgebäude selbst gebe es etwas zu sehen. Ja, da ist eine fade **Porzellansammlung**. Und eine *Galerie Alter Meister*, in der die Gemälde aus Furcht vor Betrachtern so hoch gehängt sind, dass das Mitführen eines Fernglases empfohlen wird. Doch auch durchs Fernglas ist lediglich der Widerschein der Strahler auf den verglasten Werken zu erkennen.

Ohnehin gibt es nur eines, zu dem alle strömen: die **Sixtinische Madonna**. Alle wollen die beiden geflügelten Kinder am unteren Bildrand sehen, die Gewinner der galerieeigenen Casting Show. Im Gedränge davor entsteht eine Kombination von Abgaswärme und Verdunstungsfeuchtigkeit, die sensiblen Besuchern Atembeschwerden verursacht und Ältere in die Finalphase treibt. Das stört hier niemanden. «Sterben umgeben von Kunst» wollte schon August der Starke (*stark* bedeutete im Barock übrigens einfach nur *dick*).

Und draußen ist es kaum erfreulicher. Der übliche Weg vom Zwinger zum Neumarkt führt vorbei an Bettlern mit Krücken und Wundverbänden im Schatten der Hofkirche, dann an lebenden Statuen vor dem peinlichen Wandgemälde **Fürstenzug** und schließlich zu Bettlern mit gelben Blindenbinden und zu zerlumpten Frauen mit eingeschläferten Kindern an der Frauenkirche. Auf diesem Weg bitten außerdem zehn bis zwanzig Straßenmusikanten um Gehör und Spende. Der gesetzliche Mindestabstand von Musiker zu Musiker beträgt 150 Meter, damit die Passanten die Möglichkeit haben, die Darbietungen zu unterscheiden.

Der endgültige Hörsturz der meisten Gäste erfolgt denn auch erst in der **Frauenkirche**, deren Akustik so verheerend ist, dass die meisten Dresdner sich inzwischen den Schutthaufen zurückwünschen, zu dem die Kirche vor gut siebzig Jahren zusammenstürzte – und der sie bis in die neunziger Jahre bleiben durfte. Jetzt verstärkt ein vervielfachender Hall aus den Rundungen des Gebäudes das Gebrabbel der Fremdenführer und Gäste zu einer gespenstischen Kakophonie.

Als besonders bedrohlich gelten die Konzerte. Bevor das Echo des einen Taktes verklingen kann, sind die nächsten schon gespielt.

Im schlierigen Gemenge ununterscheidbarer Töne wird jede Krönungsmesse oder Orgelphantasie zum dumpf dröhnenden Brei. Fachgelehrte prophezeien, dass es der Frauenkirche ergehen wird wie dem **Tal der Dämmerung** in *Jim Knopf und Lukas der Lokomotivführer*: Im anwachsenden Echo eines besonders scheußlichen Konzertes – am besten mit Bläsern – wird sie donnernd zusammenstürzen.

Denkmalschützer sehen das keineswegs als Nachteil. Man könnte den Trümmerhaufen wieder als **Mahnmal** pflegen. Die Touristen von heute haben also nur Grund zur Freude, wenn die Kirche mal wieder geschlossen ist (Hochzeit, Proben, Wartungsarbeiten). Der auf dem Platz davor häufig gehörte Einwand – «Die sieht ja viel kleiner aus als in der *Radeberger*-Werbung!» – tröstet nicht jeden, der vor der Tür bleiben muss. Doch es ist etwas Wahres daran: Von weitem sieht das alles erträglicher aus. Am besten aus drei Kilometern Entfernung, vom **City Beach** am anderen Elbufer. Die Silhouette der Türme im Abendlicht gelten sogar als fotografierbar.

Die Wahrheit von nahem ist weniger erfreulich. Bis in die neunziger Jahre breitete sich rund um die Trümmer der Frauenkirche eine erholsame Leere aus. Dann wurden die flottesten Architekten von Eurodisney und Disneyworld gebeten, bunte **Kulissenhäuser** aufzustellen. Das taten sie. Und tatsächlich werden die kunststoffüberzogenen Bauten (*Quartiere*) nun häufig als Kulisse genutzt. Ihre puppenstubenhafte Glätte findet Bewunderer.

Gerade in diesem Jahr wurde das Zentrum von Dresden wieder als *lohnendstes Reiseziel* gewählt, bereits zum elften Mal, und zwar von der rumänischen Bevölkerung. Die kommt gern. Und sie ist gern gesehen. «Von all den Touristen, die durch die Altstadt streifen, sind die aus **Rumänien** diejenigen, von denen andere noch etwas lernen können», lobt ein Tourismusforscher. Während deutsche Gäste darüber lamentieren, wie teuer alles sei, wissen die Gäste aus Rumänien sich selbst zu helfen. Sie bessern die Reisekasse auf.

Das überschaubare **Zentrum** bietet dafür die besten Gelegenheiten. Erzielbar sind bis zu hundertfünfzig Euro pro Stunde. Das hat sich herumgesprochen. Nach anfänglicher Scheu zeigen nun endlich auch deutsche Urlauber Interesse. Etliche haben bereits gute Erfahrungen gesammelt. Schäbige Kleidung sei nicht nötig, heißt es, denn «nach einem halben Tag Dresden sieht sowieso jeder wie ein Bettler aus». Die Dresdner Behörden haben sogar ein Merkblatt herausgegeben, das Interessierten helfen soll, Titel: *So kommt wieder Geld in die Reisekasse.*

* **BETTELN SIE STUMM.** Und fangen Sie bescheiden an. Zeigen Sie einen laminierten Zettel vor, auf dem Sie in ungelenken Buchstaben um Unterstützung bitten. «Bitte helfen Sie mir mit etwas Geld, damit ich mir ein Ticket für die Rückfahrt kaufen kann. Ich danke Ihnen vielmals. Vielen Dank!» Viele Menschen werden Ihnen gern etwas geben – im Glauben, Sie würden dann schleunigst nach Hause zurückkehren.

* **WAGEN SIE SICH EINEN SCHRITT WEITER.** Bitten Sie nun um eine Spende im Namen anderer. Zum Beispiel für Hochwasseropfer, für Arbeitslose oder behinderte Kinder. Illustrieren Sie die Spendenbitte mit einem kopierten Foto, gern aus der Zeitung. Und schreiben Sie «Vielen Dank!» darunter. Sprechen Sie besser nicht. Bleiben Sie stumm.

* **SIMULIEREN SIE EINE BEHINDERUNG.** Das ist der nächste Schritt, aber der muss geübt sein! Taubstummheit sollten Sie inzwischen beherrschen. Umwickeln Sie nun Ihre Handgelenke mit angeschmutztem Verbandszeug. Stützen Sie sich auf Krücken. Ziehen Sie ein lahmes Bein

hinter sich her. Trainieren Sie daheim vor dem Spiegel, das Bein zu verdrehen. Sie werden es nicht bereuen!

* **WAS SIE ANDEREN ÜBERLASSEN SOLLTEN:** Billige Rosen kaufen, an Passanten verschenken, dabei um Spenden bitten. Sobald der Angesprochene beginnt, in seinen Taschen zu wühlen, ihn mit Freunden umstellen und Körperkontakt suchen. Dem Angesprochenen helfen, seine Taschen bis auf den letzten Rest zu leeren. Und dann rasch davoneilen. Das überlassen Sie bitte den Profis.

Worauf die Tourismusbehörde besonders hinweist: Auch Betteln ist **Arbeit**. Erst recht kunstvolles Betteln. Schauspielerische Einlagen, oft über Stunden durchgehalten, erfordern Leidenschaft, Hingabe und Konzentration.

«All das sind bewundernswerte Leistungen», erklärt ein Sprecher. «Und ist es auch ehrliche Arbeit? Aber ja! Oder was wäre ehrlicher? Für die Medien zu arbeiten oder bei VW? Ich bitte Sie!»

DAS GRÜNE GEWÖLBE

Amerikanische Reiseführer empfehlen das *Grüne Gewölbe* als Crashkurs in deutscher Geschichte. Es biete den lebendigsten Blick in die dunklere Vergangenheit. «Erleben Sie geraffte **Raubkunst** in geputzten Vitrinen und **Aufseher** von der Aura treuer Lagerkommandanten.»

Diese Empfehlung wird der Ausstellung nicht ganz gerecht. Keineswegs alle der präsentierten Schätze aus Gold, Juwelen, Stoffen, Elfenbein sind durch Raub hierher gelangt. Etliche konnten auch durch **Enteignung der Vorbesitzer** gewonnen werden. Und einige sind sogar vom Hauptsammler selbst, dem Sachsenfürsten und Polenkönig August, mit Bargeld beglichen worden. Die Bezahlung wurde möglich, nachdem es August gelungen war, zwölftausend junge Bürger als Soldaten in die Niederlande zu verschachern, wo sie im Krieg gegen Frankreich verbraucht wurden. Das Ergebnis – inzwischen staubfrei gewienert und fein ausgeleuchtet – kann sich sehen lassen!

Und was die Angehörigen des Wachpersonals betrifft: Lediglich die Älteren durften noch als Wärter in traditionellen Lagern dienen. Die Jüngeren mussten sich mit **Nachhilfe** durch pensionierte Beamte begnügen. Jetzt allerdings tun sie ihr Bestes, um allzu interessierte Besucher von der Besichtigung abzuschrecken. Ihr Ton ist scharf, ihr Benehmen einschüchternd. Und das muss so sein. Denn die Wärter wollen nichts weiter, als dass sich die Gäste – zumal die ausländischen – wie potenzielle Diebe und Schwerverbrecher fühlen, denen der Terror eines rigorosen Regimes droht.

«Wir wollten einen Ort schaffen, an dem **die alten Diktaturen** noch körperlich spürbar sind», erklärt einer der Aufseher. Sein Vorschlag, die Wärter mit abgerichteten Schäferhunden auszustatten, wird zurzeit noch geprüft. Trotz zahlreicher Sicherheitsschleusen gelingt es offenbar immer noch zu vielen Gästen, der *Grünen Hölle* lebend zu entkommen.

Wenn die Besucher nach zermürbenden Stunden ins Freie gelangen, vermögen sie sich in der Regel nicht mehr an das Gesehene zu erinnern. Sie sind traumatisiert. Sie wollen nur noch eines: aufs Klo. Das liegt am **Ticketsystem**, das mehrfach als das komplizierteste der Welt preisgekrönt wurde. Nicht nur werden die Tickets auf jeder Ebene und an jeder Tür aufs Neue geprüft, nicht nur will jeder einzelne Wärter sein Häkchen und Kreuzchen darauf malen – die Tickets gelten auch nur jeweils für begrenzte Bereiche, und wer Pech hat, hat **das Klo nicht mitgebucht**. Die Zurückweisung mag hartherzig erscheinen, sie ist korrekt.

Das Warten in der Schlange gehört ebenfalls zum angestrebten

Regime-Feeling. Wer online gebucht und sein Ticket ausgedruckt hat, wird erfahren, dass es vor Ort nicht gilt, dass es aber nach Einreihen in die Warteschlange und geduldigem Vorrücken in ein gültiges umgetauscht werden kann. «Wir wollen unsere Gäste **lediglich demütigen**», heißt es beschwichtigend an der Kasse.

Die in den Ausstellungsräumen zusammengepferchten Opfer dürfen dann das betrachten, was der Autor Günter Grass *Rentnerplunder* genannt hat. Und tatsächlich sind es überwiegend Rentner, die den glitzernden Nippes bestaunen. Er erinnert sie an die Krempelsammlung auf der heimischen Kommode oder an den **Flohmarkt im Altersheim**. Mit dem Unterschied, dass wegen des hier ausgestellten Trödels einst Untertanen ausgepresst und Staatsaufgaben vergessen wurden.

Freilich ist es den wenigsten Gästen vergönnt, einen Blick auf einen Silberpokal oder **Schildkrötenpanzer** zu erhaschen. Immer steht gerade jemand davor oder schiebt sich fettleibig heran. Das macht aber nichts. Denn fast alle Kaffeetassen, Straußeneier und Kokosnussschalen werden in Kampflautstärke erläutert. Hochdekorierte Gruppenführer durchschreiten die Räume und bringen es nicht nur fertig, die **Schwerhörigkeit** ihres Gefolges zu durchdringen. In Konkurrenz mit den anderen Führern erreichen sie sogar rekordverdächtige Dezibelzahlen.

Einzelreisenden wird deshalb empfohlen, die Ohren durch Kopfhörer zu schützen. Die sind ausleihbar, wenn auch nur im Verbund mit *Audioguides*. Das bedeutet, dass die Träger mit heruntergeleierten Zahlen und Daten belästigt werden. Die einschläfernden Audio-Stimmen geben allerlei zu barocken Zeiten und **fetten Fürsten** zum Besten, schweigen jedoch beharrlich zu den wichtigeren Ausstellungsstücken. «Man nannte diesen Teil des Landes stets das *Tal der Ahnungslosen*», erklärt eine Angestellte. «Und wir möchten, dass das so bleibt.»

Bestens desinformiert winden sich die Besucher durch die angestrahlte Bückware. Gedruckte Erläuterungen gibt es nicht. Sie wären auch überflüssig. Denn jeder hat das alles irgendwann schon mal so oder ähnlich gesehen, am Kaffeetisch von Oma, in der **Sammeltassenvitrine** oder im Schaufenster eines Zahngoldhändlers. Obendrein sind vorwiegend Repliken zu sehen. Die Originale wurden nach dem Krieg nach Russland verbracht oder sind in sozialistischer Zeit für den **Betriebsausflug verdienter Brigaden** veräußert worden.

Was noch verblieben ist an Bernstein, Elfenbein und beschnitzten Kirschkernen, wirkt auf die Betrachter wie eine Überdosis Schlaftabletten. Bereits beim Durchqueren des ersten Raumes machen die Besucher – aber vielleicht liegt das auch an ihrem hohen Alter – einen **narkotisierten** Eindruck. Eine Auswertung von Überwachungsvideos ergab, dass in den Kammern des *Grünen Gewölbes* häufiger und intensiver gegähnt wird als in den erfolgreichsten Schlaflabors der Welt. «Ärzte könnten während der Besichtigung **kleine Eingriffe** vornehmen, ohne dass die operierten Gäste es mitbekommen würden», erklärt ein Sicherheitsexperte. «Auch Darmspiegelungen ohne Narkose wären hier möglich.» Erste Versuche starten im kommenden Jahr.

AUSZEICHNUNGEN

Kompliziertestes Ticketsystem 2015
Mickrigstes Museumscafé 2016
Unfreundlichstes Personal 2007 – 2016

HÄUFIGSTES FOTO: Rentnergruppe von hinten

WEIMAR

Aus Filmen werden Computerspiele. Aus Computerspielen werden Adventure Games, zum Beispiel *Exit Rooms* und *Escape Games*. Welcome to Weimar, Gamers! Dies ist eure Stadt. Weimar ist das Zentrum des Reality-Trends. Hier dürfen, ja müssen sich alle als Detektive betätigen – alle jedenfalls, die es können. Und in Ausnahmefällen auch mal Touristen.

Tatsächlich sind treuherzige Besucher oft die Ersten, die auf verdächtige Hinweise stoßen. Da – an der **Sphinxgrotte** im Park an der Ilm lehnt eine Leiche! War es Mord? War es ein Unfall? Ein natürlicher Tod? Die Besucher müssen nicht, aber sie dürfen das Rätsel lösen, indem sie den Indizien nachgehen, die um den Körper verstreut sind oder die sich in den Manteltaschen finden.

Und siehe da, nicht weit weg, an der Ruine des **Tempelherrenhauses**, in einer schattige Nische, beinahe schon von Efeu überwachsen, findet sich eine bleiche Dame, zusammengesunken auf der Sitzfläche ihre Rollators. Hat der Täter Spuren hinterlassen? Sind das dort am Hals etwa Würgemale oder Spuren von einer roh abgerissenen Perlenkette?

Aufmerksame Beobachter lassen sich keinen Hinweis entgehen. Hier ist jemand von der **Schaukelbrücke** in die Ilm gestürzt – oder gestürzt worden? Dort ist ein *Silver Ager* am **Römischen Haus** entschlummert, auf seinem mitgeführten Campingkissen, sanft und für immer. Aber ist er tatsächlich eingeschlafen oder eingeschläfert worden?

Mit dergleichen Fragen beschäftigen sich in Weimar immer mehr Reisende. Sie sind überrascht und beglückt von der Fülle der Leichenfunde, und sie sind erleichtert, dass sie nicht mehr nur **Dichterstuben und Denkmale** bewundern müssen. Die Gegenwart Weimars ist viel spannender! Zu verdanken ist das dem Umstand, dass der Altersdurchschnitt der Bevölkerung hier weit höher ist als in jedem anderen deutschen Städtchen.

Schon bald nach der Wende zog es betagte Liebhaber der Kultur hierher. Es kamen pensionierte Lehrer, zwangsverrentete Konzertbesucher und mürbe Freunde des Theaters. Immer mehr Alters- oder Feierabendheime wurden errichtet. Inzwischen trägt Weimar ganz offiziell das goldene Siegel *Größte deutsche Seniorenresidenz.*

Auf Wunsch der Alten wurde dann Ende der neunziger Jahre eine marode Hochschule zur **Bauhaus-Universität** ausgerufen und um neue Studienplätze erweitert. «Wir Alten hier», keuchte der im vergangenen Jahr zu früh verstorbene Sprecher der Senioren, Christian Gehrke (98), «wir wollen auch mal junges Fleisch sehen!» Der Wunsch ist erfüllt worden. Wenn die Klappergestalten mit ihren eiernden Gehhilfen durch die Stadt schieben, können sie jetzt junge Familien und Singles mit runzelreduzierter Haut betrachten.

Weil es sich bei den anreisenden Touristen auch meist um Greise handelte, um gebeugte Bildungsfreunde, hüftlahme Studienreisende und allerletzte Abordnungen der **Goethe-Gesellschaft**, hat die Stadt gehandelt: Alle Schulklassen Berlins und der neuen Länder sind dazu verurteilt worden, spätestens im Abschlussjahrgang nach Weimar zu kommen. Sie haben keine Ahnung, was sie hier sollen.

Den wenigsten ist noch die **Weimarer Klassik** ein Begriff. Damit wird jene harmonische Schaffensperiode vor 1989 bezeichnet, als die Kultur noch etwas galt, als der *Kasseturmfasching* in seiner Ursprünglichkeit gefeiert wurde, als das *Klubhaus der Jugend Walter Ulbricht* zum abendlichen Verweilen einlud, als die Menschen die *Walzerbahn Holiday Star* auf dem Stadionvorplatz liebten und als regelmäßige Grabpflegeeinsätze den **Sowjetischen Ehrenfriedhof** in Schuss hielten. Zum **Zwiebelmarkt** am zweiten Oktoberwochenende lud die *Konsumbrauerei Weimar-Ehringsdorf* regelmäßig ihr Riesenbierfass vor dem *Interhotel Elephant* ab. Trinken wollte davon keiner. Aber darum ging es auch nicht. Es ging um das, was all diese Ereignisse gemein hatten, um den berühmten **Weimarer Geist**.

Heute ist davon nur noch wenig zu spüren. Die Schüler werden gezwungen, sich nutzlose alte Gebäude anzuschauen, ein Schloss mit Museum («Malerei, Grafik und Plastiken»), ein brüchiges Palais, ehemalige Bürgerhäuser, Dichterhäuser, Komponistenhäuser, Philosophenhäuser, Brunnen, Kirchen und eine inflationäre Zahl von Denkmälern aus Bronze und Stein. Eines dieser **Denkmäler** ist vor das Theater gestellt worden. Es zeigt zwei Männer, die in die Ferne blicken und fort weisen vom Theater, weil sie den Gästen einen Besuch dieser Stätte ersparen möchten. Eine andere Lesart interpretiert die beiden stämmigen Gestalten allerdings anders; denn die zwei halten einen frischen Lorbeerzweig und eine Rezeptrolle, waren also vielleicht Stars einer längst eingestellten Kochshow.

Der Sockel des Denkmals bietet noch eine dritte Lesart: *Dem Dichterpaar Goethe und Schiller das Vaterland*, steht da. Zumindest Schüler eines Deutsch-Leistungskurses werden hier häufig von einer Assoziation heimgesucht. Einigen fällt sogar ein **Gedicht** ein, laut Befragung ist es fast immer das selbe, das ihnen trotz seines komplexen Doppelreimes im Gedächtnis geblieben ist: «Goethe spielt Flöte auf Schiller sein Piller.»

Dieses Gedicht ist berühmt. Es wird häufig als Prüfungsthema im Abitur gewählt. Denn in seiner prägnanten Anschaulichkeit bringt es nicht nur die gesellschaftlichen Verhältnisse auf den Punkt, es lotet obendrein das menschliche Leben selbst aus, mit all seinen Höhen und Tiefen. Was viele nicht wissen: Das Gedicht stammt weder von Goethe noch von Schiller! Es stammt von **Johann Gottfried Herder**, der zu Lebzeiten der beiden ebenfalls in Weimar dichtete und predigte. Er war Pastor und beweist mit seinem klugen Reim, dass auch Pastoren Weisheit und Humor haben, wenn vielleicht auch nicht besonders viel.

Die Häuser, in denen die Denkmalsgestalten gewohnt haben, können heute noch gegen Eintritt besichtigt werden. Kenner raten davon ab. Es sind lediglich Möbel und «Dokumente» zu sehen, wenngleich in einem der Domizile, im **Goethehaus**, vor kurzem innerhalb von einem Monat zwei betagte Besucher ihr Leben aushauchten, sozusagen live.

Die hohe Sterblichkeitsrate in Weimar macht die Stadt zum faszinierenden *Solve the Murder*-Schauplatz. Zwar handelt es sich in den seltensten Fällen tatsächlich um Mord, doch im Krimi kommt es auf die Leichen an, und die gibt es hier reichlich. Eine Kuriosität kommt dazu: Das hohe Alter der Zuzügler sorgt für die einmalige statistische Besonderheit, dass mit größter Wahrscheinlichkeit innerhalb von fünf Jahren stirbt, wer nach Weimar zieht. Das ist Stoff genug für *Crime Adventures*, das ist *das Gute, Wahre, Schöne*!

EINKAUFSTIPP: *Atrium Weimar*, die Shopping Mall der Klassiker.
SOUVENIRS: Finn Comfort Schuhe, Tempurkissen, Bandagen und Orthesen, Kompressionsstrümpfe, Rollatoren, orthopädische Einlagen.

BELIEBTE GESCHENKE: Gutschein für einen Venentest, Rollstuhl-Testfahrt, Probeliegen im Pflegebett.

VORBEREITENDE LEKTÜRE: *Weimar barrierefrei, Wohnen wie Anna Amalia, Leben mit selbstbestimmten Begegnungen.*

BELIEBTESTER HOT SPOT: Historischer Friedhof.

DIE WARTBURG UND EISENACH

Wer auf die Wartburg kommt, sieht als Erstes eine Menge Leute, die sich erschöpft an die Mauer lehnen. Sie tun so, als würden sie den Ausblick genießen.

Das sind Touristen. Sie haben den Aufstieg unterschätzt. Unten haben sie über die Parkgebühren geflucht (fünf Euro), haben sich dann aus Empörung den **Shuttlebus** gespart (zwei Euro), weil sie ja noch die Burg betreten wollten (neun Euro), um ein paar Fotos zu machen (fünf Euro, aber ohne Blitz), und weil sie womöglich noch das **Überraschungsfoto** erwerben wollten, das am Burgtor von ihnen gemacht wurde (sechs Euro). Den Turm (ein Euro) werden sie nicht mehr erklettern.

Andere entkräftete Gestalten sind an der berühmten **Eselsstation** abgewiesen worden und mussten deshalb den Fußweg einschlagen. Das ist ein Jammer. Bei trockenem Wetter gehört der zwanzigminütige Eselsritt zu den beliebtesten Traditionen der Wartburg. Zumindest ist das über hundert Jahre lang so gewesen, zuverlässig von April bis Oktober, bis zuletzt immer mehr Esel einknickten und wegen gravierender Bandenscheibenprobleme zum Schlachthof gekarrt werden mussten. Die Ursache war bald gefunden: die von Jahr zu Jahr zunehmende **Korpulenz** der Besucher. Jetzt dürfen nur noch Personen bis sechzig Kilo auf einem Esel reiten. Leider schließt das nahezu alle erwachsenen Gäste aus, mittlerweile auch vier Fünftel der Kinder.

Eigentlich schade, denn für Kinder ist der Eselsritt das einzige

Vergnügen. Oben auf der Burg warten keine Ritterspiele und keine Prinzessinnen, nur ausgemergelte Wärter und graue Führerinnen, die mit preiswürdiger Monotonie ihren eingebimsten Text abspulen. Bei einigen handelt es sich nach Betreiberangaben um **Replikanten**, mit deren Funktion man recht zufrieden sei, wenngleich ihnen noch ein Schuss Lebendigkeit einprogrammiert werden müsse.

Ja, das wäre schön. Denn die Burg selbst ist ziemlich tot. Es handelt sich um ein Gebäude aus dem 19. Jahrhundert. Es wurde an der Stelle bröckeliger **Ruinenreste** errichtet, die von der alten Burg geblieben waren – anderthalb Meter Grundmauer und drei Dachziegel. Es ist also keineswegs noch die Burg, in der die *heilige Elisabeth* nachts mit einem Korb Rosen umhergeisterte. Auch nicht die Burg, in der Sängerfestspiele stattfanden und *Tannhäuser* die Vergnügen für Erwachsene pries.

Und es ist auch nicht die Burg, in der Luther sich vom Satan das Neue Testament diktieren ließ. Jene alte Burg stand vor fünfhundert Jahren an dieser Stelle und sank dann in Schutt und Asche. Dennoch wird in der neuen Burg eine **Lutherstube** gezeigt, die ungefähr dreihundert Jahre älter sein müsste als die Burg selbst. Aber akzeptiert. So sind die Altertümer überall auf der Welt. Echt ist keines. Und in diesem Fall wäre es sogar wünschenswert, dass in dem bescheidenen Raum der **Tintenfleck** mal wieder erneuert wird, an dem sich bis vor fünfzig Jahren die Besucher erfreuen durften. Viele kratzten ein wenig blaugetränkten Putz von der Wand, um ihn als Reliquie nach Hause zu tragen. Einiges davon ist noch bei eBay zu haben.

Luther, der sich auf der Wartburg versteckt hielt, hat bekanntlich während seines Aufenthaltes das gesamte *Neue Testament* übersetzt. Und zwar in der sensationell kurzen Zeit von elf Wochen. Bei einem nachgestellten Wettbewerb von zwölf Übersetzern, die alle

Bestnoten im Altgriechischen hatten, schafften die Schnellsten in derselben Zeit lediglich ein Drittel dieses Umfanges. Luther muss Hilfe gehabt haben. Magische Hilfe. Die zauberkundigen Wissenschaftler der damaligen Zeit wussten auch, wer dem abtrünnigen Mönch half: der **Teufel** persönlich.

Luther hat das nicht abgestritten. Er hat seine Arbeit als geistige Auseinandersetzung mit dem Satan dargestellt. Die zahlreichen sinnentstellenden Fehler in seiner Übersetzung sprechen dafür, dass der Satan die Auseinandersetzung gewann und den größten Teil selbst verfassen durfte. Das macht aber nichts. Viele Gläubige der westlichen Hemisphäre haben die *satanischen Verse* lieben gelernt. Viele empfinden sie heute noch als inspirierend. Und diejenigen, die auf der Wartburg den Tintenfleck an der **Kaminwand** sehen durften, wussten auch, wie er entstanden war. Luther, wieder einmal steckengeblieben, versuchte den vor Fleiß und Müdigkeit eingeschlafenen Teufel zu wecken, indem er ein Tintenfass nach ihm warf. Das Fass zerplatzte an der Wand. Der Teufel erwachte – und half. Auch von dieser Stelle: Danke.

Was bietet die Wartburg sonst noch? Schwülstig bemalte Säulen, schwülstig bemalte Wände, schwülstig bemalte Bögen. Mosaiken aus farbigem Glas. Fresken, die an die ungarische Königstochter **Elisabeth** erinnern sollen. Elisabeth, während der Kreuzzüge dankbar zur Königswitwe geworden, langweilte sich auf der zugigen Burg. Sie versuchte, sich mit Wohltaten ein wenig Abwechslung zu verschaffen. Sie packte Körbe und brachte sie hinunter zu den Armen. Gut gefüllte Körbe – allerdings nicht voller Brot oder Schinken, sondern voller Rosen. Die hungernden Armen versuchten, diese Rosen in Wirtshäusern zu verkaufen. Sie versuchen es bis heute, meist vergeblich. Elisabeth jedoch ist für die Idee heilig gesprochen worden.

Der Sage zufolge hat auch mal ein **Sängerwettstreit** auf der Burg stattgefunden, im damaligen Festsaal. Vielleicht. Vielleicht auch nicht. «Der heutige Gast», bemerkte Goethe bei einem Besuch, «ist jedenfalls froh über jeden Ton, der hier nicht gesungen wird.» So ist es. Das Gebrabbel und Geleier reichen vollkommen. «Unsereins ist dankbar, wenn er die Gemäuer wieder verlassen darf», notierte Goethe. Auch wahr. Und am Ende bloß nicht noch aufs Klo gehen! Zwar ist die Benutzung kostenlos. Doch die Wartburg-Toiletten sind als die stinkendsten der Welt in die *Nachhaltigkeits-Liste der Unesco* aufgenommen worden. Der Thüringer Wald sei schließlich groß genug.

EMPFOHLENE SOUVENIRS

Playmobil-Luther, Radiergummi *Martin Luther*, Seife *Lutherrose*. Kleines Tintenfass aus Porzellan (für den einmaligen Wurf auf den Chef), Tintenfass aus Zinn (wiederverwendbar, für eheliche Auseinandersetzungen).

UND UNTEN IN EISENACH

KURPARK mit desolater Wandelhalle, die Skatern als Übungsplatz dient.
REUTER-VILLA: Das Haus, in dem der niederdeutsche Autor Ernst Reuter das letzte Jahrzehnt seiner Demenz verbrachte. Die Atmosphäre wird sorgsam gehütet.
BACH-HAUS: Johann Sebastian Bach wurde in Eisenach geboren und floh im Alter von elf Jahren. Das Bach-Haus erinnert an sein geglücktes Entkommen.
STADTSCHLOSS am Markt, sieht so aus wie ein wilhelminisches Postamt, enthält aber ein von Besuchern völlig freies Museum, das Porzellan und Bilder aus Thüringen zeigt.

FUSSGÄNGERZONE Karlstraße mit dem unvermeidlichen Trübsinn solcher Einkaufspassagen in kleinen Städten.

BAHNHOF zum Abreisen (stündlich möglich).

TRIER UND DIE RÖMISCHEN ALTERTÜMER

Verhaltensauffällige Gymnasiasten schickt man nach Trier. Es ist die Höchststrafe, die deutschen Pädagogen zur Verfügung steht, seit die Prügelstrafe abgeschafft wurde. Ganze rüpelige Klassen, so hört man, geloben Reue, flehen um Vergebung, bitten als Ablass sogar um körperliche Züchtigung. Vergebens. Sie müssen nach Trier. Und eben nicht nur einzelne schwer erziehbare Schüler. Sondern alle. Alle werden mitgehangen. Die Fahrt ist eine Kollektivstrafe.

So kommt es, dass diese vorwiegend hässliche Stadt nach Berlin zum zweitmeistbesuchten Ziel von Klassenreisen geworden ist. Die **Jugendherberge** der Straffälligen liegt abseits des Stadtzentrums. Doch das hilft weder der Stadt noch der Herberge noch den Schülern. Ob sie wollen oder nicht, notfalls in Handschellen werden sie zu Steinhaufen geführt, die zwischen Parkhäusern und trostlosen Straßenzügen eingezäunt liegen und von denen gesagt wird: Das haben die Römer gebaut. Und die pure Besichtigung reicht nicht einmal. Die Schüler müssen auch noch Referate halten und Aufsätze schreiben. Es ist der Horror.

Reisenden ohne Lehrer geht es ein wenig besser. Doch bereits nach einundzwanzig Minuten (statistischer Durchschnitt) empfinden auch sie die unwirtliche Stadt als Strafe. All die gesichtslosen Betonklötze, die verwahrlosten alten Häuser, die schäbigen Neubauten, die armseligen Kneipen, die heruntergekommene Fußgängerzone, die **Spielotheken**, eine nach der anderen, und dazwischen die lungernden Gestalten des Prekariats, das von der Stadt dermaßen Besitz ergriffen hat, dass man vom *Marxloh an der Mosel* spricht. Längst hat die *Deutsche Bahn* den Fernverkehr nach Trier eingestellt. Geblieben sind zerkratzte Regionalzüge mit zerschlissenen Sitzen.

All das passt zu dem, was den Ruf der Stadt begründet hat: Die Römer waren mal hier. Was von ihnen geblieben ist, ist steingewordene Tristesse. Das dumpfste Gebäude wird **Porta Nigra** genannt, ein proportionsloses Monster von Stadttor aus schwarzgerußten Steinen. Stehengeblieben ist es lediglich, weil die Steine zu missgestaltet waren, um sie zur Errichtung freundlicherer Gebäude zu nutzen. Das warzige Tor ist ständig umgeben von Strafkolonnen erbarmenswürdiger Schüler, die auswendig Gelerntes herunterstottern, aus dem Web kopierte Aufsätze verlesen, den Bau abzeichnen, Material für Referate sammeln oder denen ein Lehrer etwas erzählt, während sie in ihren Smartphones nach Fluchtwegen suchen.

Die Porta ist immer noch ein Stadttor: Gleich dahinter beginnt das totale **Absturzviertel** Trier Nord. Als Schutz dient nur die breite Straße dazwischen. Als mehrspuriger Ring führt sie um das ganze Stadtzentrum. Sie ist der adäquate Ersatz für die abgeräumte Stadtmauer. Die ganze Anlage lässt sich gut erkennen, wenn man ein paar Euro Eintritt bezahlt und hinaufsteigt auf die Porta Nigra. Von oben bietet sich ein prachtvoller Ausblick auf den sozialen Brennpunkt namens *Fußgängerzone* und die räudigen Häuserzeilen rundum. Jetzt wird auch der Sinn des verblüffenden Verkehrs auf den breiten Umgehungsstraßen klar: Die Leute wollen weg, wollen weiter, nur noch fünfzehn Kilometer bis Luxemburg!

Doch es gibt auch genügend Touristen, fast ausschließlich Tagesgäste, die in der kleinen Stadt selbst umherirren. Irgendetwas muss es doch hier geben! Das **Geburtshaus von Karl Marx** – gewiss, ja. Mit siebzehn Jahren floh Karl bereits aus der Stadt, in der festen Überzeugung, nur eine Revolution könne die Verhältnisse hier noch bessern. Natürlich meinte er ausschließlich die Verhältnisse in Trier. Viele seiner Anhänger haben das später missverstanden, mit verhängnisvollen Folgen, während sich in Trier selbst rein gar nichts änderte.

Dann ist da der **Heilige Rock**. Aufbewahrt wird er in einer monströsen Anlage, die einer abweisenden Trutzburg gleicht und tatsächlich Verteidigungszwecken diente, die aber irgendwann geweiht wurde und seither **Dom** genannt wird. Der Heilige Rock ist ein in Resten erhaltenes Gewand, das unzweifelhaft Gottes Sohn persönlich getragen hat. Es ist eine Art Morgenrock oder Bademantel. Einigen Zeugen zufolge trug Jesus dieses Gewand bei der Fußwanderung über den See Genezareth. Andere beteuern, er habe es vorher abgelegt, Fischer hätten es am Ufer gefunden und verkauft. Orientalische Experten, die es bei einer Zurschaustellung 2012 prüfen durften, kamen zu dem Ergebnis, es handele sich nicht um Mantelreste, sondern um Teile eines ehemals **flugfähigen Teppichs**. Seither ist Schluss. Heutige Besucher bekommen den heiligen Stoff nicht mehr zu sehen. Sie müssen mit dem finsteren Dom selbst vorliebnehmen. Der christliche Bademantel oder muslimische Teppich soll erst 2033 wieder ausgestellt werden.

Nicht weit vom Dom ragt ein monumentales Gebäude in die Höhe, das einem Walzwerk aus Bismarcks Zeit gleicht. Im Inneren ähnelt es eher einer Lagerhalle ohne Inhalt oder einer Bahnhofshalle, leider ohne Bahnsteige und Schienen, also auch ohne Möglichkeit abzureisen. Die Halle wird **Konstantinbasilika** genannt. Das ist bewusst irreführend. Eine Basilika ist es nicht; die hätte ein hohes Mittelschiff und niedrigere Seitenschiffe. Und auch Kaiser Konstantin hat nie in diesem Gebäude gethront, das tatsächlich aus dem 19. Jahrhundert stammt. Aber sein Audienzsaal stand mal an dieser Stelle, mit Marmor verkleidet, mit Statuen geschmückt. Abgebrannt, die Reste abgerissen, die Steine anderswo verbaut. Macht ja nichts. Der Besucher wäre nur glücklicher, wenn er jetzt in einen Zug steigen und abreisen könnte.

Ist nicht möglich, ist nicht erlaubt. Vorher warten noch die **Kaiserthermen**. Das hatten mal Badeanlagen werden sollen. Fertig wurden sie nie. Doch sogar das Unfertige kann noch zur Ruine werden. Und das ist es geworden. Unglücklicherweise verhindern Denkmalschützer den weiteren Verfall. Immerhin geben sie zu, dass ein Blick über den Zaun genügt. Man muss die Mauerreste und Steinhaufen nicht noch persönlich und gegen Gebühr ablaufen.

Zwanzig Fußminuten entfernt – auf einen Bus zu warten, wäre in Trier vergeblich – gibt es einen ovalen Sandplatz, umgeben von grasbewachsenen Hangterrassen. Er wird **Amphitheater** genannt. Sitzreihen gibt es nicht mehr. Dennoch dürfen Reisende hier ungestört ihre Lunchpakete verzehren. Kann höchstens mal vorkommen, dass ein Touristenführer die Arena betritt und sich Sandalen anschnallt, um den römischen Gladiator zu geben und dann seine bedrückte Touristenschar authentisch totzureden.

Doch das kommt nur an wenigen trockenen Nachmittagen im Sommer vor. In Trier regnet es an 21 Tagen im Monat, an den restlichen steigt Nebel vom Fluss auf. Das ist kein Nachteil. Viele Besucher finden Trier bei Nebel am schönsten, weil sie unbemerkt ihre Reisegruppe verlassen können, unter dem nachgereichten Vorwand: «Ich habe euch plötzlich nicht mehr gesehen.»

MÖGLICHKEITEN ZUR MASSREGELUNG UNARTIGER ZÖGLINGE

Natürlich sind alle römischen Reste eine brutale Strafe für wache, lebenslustige Kinder. Bei Regen gibt es noch eine Steigerung: den Besuch eines der Trierer Museen. Das *Museum am Dom* mit seinen Grabdenkmälern und liturgischen Gewändern gilt als besonders hart. Das *Rheinische Landesmuseum* mit lauter ausgegrabenen Steinwerkzeugen und Relieftrümmern ist vielleicht noch bitterer. Der *Verband Trierer Moselpädagogen* empfiehlt einen einfachen Satz als wirksame Disziplinierungsmaßnahme: «Wenn du dich jetzt nicht benimmst, gehen wir ins Museum!»

EINKAUFSPARADIES: Kaufland am Bahnhof (bis 22 Uhr).
BEGEHBARKEIT DER BÜRGERSTEIGE: bis 19 Uhr.
Vorsicht: Das Hochklappen geschieht automatisch.
SONDERPREIS DER UNESCO für «das schlechteste Nahverkehrssystem in einer mittelgroßen Assi-Stadt».
MEISTGESUCHTE FLUCHTORTE: Saarbrücken, Koblenz, Luxemburg Stadt.

AACHEN

Lange zählte Deutschlands westlichste Kleinstadt zu den unterschätzten Reisezielen. Jetzt scheint sie endlich die verdiente Aufmerksamkeit zu bekommen. Vor allem Besucher aus Belgien zieht es an die Stätten Kaiser Karls. Von Maastricht aus fährt man eine halbe Stunde, von Brüssel anderthalb. Und genau von dort kommen sie, die Touristen und Pilger, die als Erstes den **Dom** aufsuchen und gleich der Chorhalle zustreben.

Das hat spirituelle Gründe. Auf den ersten Blick sieht der Dom aus, als sei er von Filmdesignern aus Leichtbauteilen erbaut worden, für eine Fantasy-Serie in sieben Staffeln plus nachgedrehter Prequel. Doch einige Teile des Gebäudes sind tatsächlich echt und alt. Wer das Unglück hat, in eine **Führung** zu geraten, erfährt zwangsläufig, welcher Baumeister zu welcher Zeit welche Säule errichten ließ. Und wer noch mehr Pech hat, muss das sogar erraten.

Denn so etwas gehört zum pädagogischen Repertoire der Dom-Guides: Fragen zu stellen und jeden in der Gruppe einen Tipp abgeben zu lassen. Welches ist der älteste Teil des Gebäudes, was meinen Sie? Und welcher der neueste? Schauen Sie sich in Ruhe um. Aus welchem Material, glauben Sie, ist der **Pinienzapfen** dort drüben? Und wie schwer, schätzen Sie, ist der Leuchter dort oben? Hallo, Sie dahinten, laufen Sie nicht weg! Geben Sie erst Ihre Schätzung ab! Es geht zu wie in einem Quiz mit schwindenden Zuschauerzahlen. Jedes Mal, wenn der Guide sich umblickt, hat sich wieder eines seiner Opfer verdrückt.

Das liegt auch daran, dass der Dom nicht ausreichend Stoff bietet für fünfundvierzig Minuten. Die paar Statuen und Marienbilder und **Mosaiken** sind rasch abgeklappert. Ein Blick zur Orgel. Akzeptiert. Hauptsache, es spielt niemand. Und das war es eigentlich schon. Wegen seiner verbauten Unübersichtlichkeit wirkt der Dom beim Eintreten größer als er ist. Die Mickrigkeit offenbart sich erst beim Durchschreiten.

Und doch gibt es Besucher, die andächtig verweilen. Am liebsten vor dem **Thron**, einem schlichten steinernen Sessel, zu dem eine ebenso schlichte Treppe hinaufführt. Und vor dem Schrein, einem Sarg aus Edelmetall, in dem Knochen verschiedener Herkunft lagern. Es sind die belgischen Besucher, die hier staunend verharren, vor allem diejenigen aus gewissen Vorstädten von Brüssel.

Denn der sogenannte Königsthron gleicht der klassischen Kanzel in einer Moschee, der sogenannten **Minbar** (die übrigens niemals Flaschen enthält, die Frage «Haben Sie etwas aus der Minbar entnommen?», ist in Moscheen fehl am Platz). In der Moschee steigt der Imam die offene Treppe hinauf und hält von oben seine Ansprache. Das wäre auch im Aachener Dom ohne weiteres möglich, zumal die Minbar respektive der Thron perfekt gen Mekka ausgerichtet ist.

Noch finden unter den byzantinischen Mosaiken keine offiziellen Freitagsgebete und Verbeugungen in Richtung **Kaaba** statt. Inoffiziell jedoch verrichtet hier mancher gläubige Muslim sein Gebet. Zumal gleich nebenan der Sarg eines der wichtigsten Gotteskrieger zur Schau gestellt wird. Karl, der erbarmungslose Zwangsbekehrer, der die Länder unter dem Motto *Taufe oder Tod* jahrzehntelang mit Krieg überzog, soll hier bestattet sein. Zwar ergab eine histologische Analyse, dass es sich bei den Knochen im Schrein um die Knochen eines **Jagdhundes** und zweier **Kaninchen** handelt, doch das tut der weihevollen Atmosphäre keinen Abbruch.

Hier wird des Kaisers gedacht, der mit Geiselnahmen, Zwangsumsiedlungen, Deportationen und Massenhinrichtungen alle bis dahin Andersgläubigen mit dem **Christentum** vertraut machte. Er und die Seinen waren gewiss, dass sie von Blutbad zu Blutbad mehr Punkte sammelten für ein ewiges Leben. Der Vernichtungskrieg sollte ihnen den Platz im Jenseits sichern.

Und womöglich hat es geklappt. Karl wurde dreihundert Jahre nach seinem Tod auf Barbarossas Drängen hin heilig gesprochen. Seither darf man ihn um Hilfe anflehen, wenn es um geplante Gewalttaten und Glaubenskriege geht. Und gerade deshalb kommen immer mehr überzeugte Gläubige hierher. Einfach um seinen Segen für ihre **gerechte Sache** zu erbitten. Auch Menschen, die in privaten Beziehungen eine Umgestaltung planen, können hier auf höheren Beistand hoffen. Sakrale Gegenstände, mit denen jede Art von Verwüstung gesegnet werden kann, lassen sich in der Schatzkammer besichtigen und als Replik im Souvenirshop erwerben.

Die dunklen Energien, die vom Dom ausgehen, verleihen Aachen die einzigartige Atmosphäre. Ein düsterer Schleier liegt über der Stadt, über dem finsteren **Rathaus**, den mürrischen Mauern, den tristen Toren, dem kränkelnden Kurhaus, den trüben Thermen und all dem **steinernen Unglück**, das in den letzten siebzig Jahren dazugebaut worden ist.

Und doch gibt es Menschen, die in Aachen glücklich sind. Es sind die Zahnärzte, ihre Gehilfen und die Betreiber von Dentallaboren. Ihr gemeinsamer Schutzheiliger ist ein namenloser Wundarzt und **Bader**, der vor etlichen hundert Jahren in Aachen lebte. Weil es ihm an Kundschaft mangelte, bat er seine Ehefrau, ein gebisszerstörendes Gebäck zu entwickeln. Sie musste ein wenig experimentieren. Schließlich gelang ihr etwas, das schon nach wenigen Kauversuchen die Zähne und den Zahnersatz der Probierenden zertrümmerte.

Printen nannte die Baderfrau das Gebäck. Denn der *Print*, der Abdruck der Zähne an der Oberfläche des Gebäckes, ist das letzte Zeichen, das die Opfer hinterlassen können. Abbeißen geht schon nicht mehr. Die unter allen Gebäcksorten weltweit einmalige Verbindung von *zäh* und *steinhart* darf in Aachen heute noch verkauft werden, allerdings nur zusammen mit der Visitenkarte des nächstwohnenden Zahnarztes oder Kieferorthopäden.

BELIEBTESTES SOUVENIR: Selfie auf dem Königsthron.
BELIEBTESTES MITBRINGSEL: Printen für widerspenstige Familienmitglieder.

DAS MITTLERE RHEINTAL

Das mittlere Rheintal zählt zu den schönsten Landschaften Deutschlands. Hier stehen die verfallensten Ruinen, donnern die lautesten Güterzüge, sinken die meisten Schiffe. Und nur hier gibt es auf der längsten Strecke an einem Fluss, nämlich auf hundert Kilometern zwischen Mainz und Koblenz, keine einzige **Brücke**. Wer das Wasser überqueren will, muss schwimmen oder für eine Fähre anstehen.

Das möchten nur wenige, und deshalb gibt es wenig Kontakt zwischen den Bewohnern der linken (rheinland-pfälzischen) und der rechten (hessischen) Rheinseite. Die am linken Ufer gelten als mental benachteiligt. Das versteht jeder, der etwas unternimmt, was im Branchenjargon **Flussfahrt des Grauens** heißt, also eine Dampferfahrt – etwa von Rüdesheim nach Braubach. Von der Reling aus ist sofort klar, was die Leute auf der linken Seite am Entspannen hindert: der Güterverkehr auf der Schiene. Täglich rund vierhundert Züge, davon ein Drittel nachts, sorgen nachhaltig dafür, dass das mittlere Rheintal **nur auf Fotos** genießbar ist.

Die Leute auf dem linken Ufer verwandeln sich, so wird von Expeditionen berichtet, binnen kurzem in Nervenwracks. Die Kinder werden schon kleiner geboren als anderswo und schrumpfen dann noch. Die Frauen versinken in der Depression. Die Männer widmen sich dem **billigen Weißwein** von den ins Rutschen geratenen Hängen. Die Treppchen und Mäuerchen zwischen den Terrassen bröseln. Die einst prachtvollen Hotels entlang der Strecke verfallen. Kleiner Trost: Die Leute am rechten Ufer müssen auch ein paar Züge verkraften, vorwiegend jedoch schallgedämpfte Personenzüge, während von drüben pausenlos *Heavy Metal* geliefert wird, dank gusseiserner Klotzbremsen und klangverstärkender Betonschwellen.

Am schönsten aber haben es immer noch die Besucher, die auf dem Fluss fahren und für dieses Stereoerlebnis etwa vierzig Euro hinblättern. Sie werden von Rüdesheim bis Braubach mit unreduziertem **Megablaster**-Noise beschallt, egal ob sie auf einem Schaufelraddampfer unterwegs sind oder auf einem Kreuzfahrtschiff und unabhängig davon, ob es sich bei ihrer Fahrt um eine *Nostalgietour*, eine *Burgentour* oder eine *Unesco-Welterbe-Tour* handelt. Die Erläuterungen, die zwischen Musikstücken («Warum ist es am Rhein so schön») aus den Lautsprechern scheppern, sind eh nicht zu verstehen.

Sie sind auch unerheblich. Die verfallenden Städtchen mit ihren Hotelruinen gleichen einander, zumal sie allmählich alle hinter haushohen Lärmschutzwänden verschwinden. Die Berge sind ohnehin zum Verwechseln. *Teletubbie-Land* nennen die Rechtsrheiner das andere Ufer nach einer alten Kinderserie, in der sich auf Hügeln Windräder drehten. Das ist hier auch der Fall. Ein Berg allerdings unterscheidet sich von den anderen und wird besonders oft fotografiert: Das ist der Berg an der **Burg Sooneck**, der zum Steinbruch umgewandelt wurde und nach und nach abgetragen wird.

Er sieht aus wie die terrassierte Seite einer Pyramide, der allerdings die markante Spitze fehlt. Die Muldenkipper, die auf dem Gelände – jeweils mit vierzig Tonnen Sandstein beladen – eine fünfzehnprozentige Steigung überwinden und mit voller Drehzahl bergab rollen müssen, gehören zu den bedeutendsten Sehenswürdigkeiten des mittleren Rheintals. Ihre **Dieselmotoren** verfügen über vierhundertfünfzig PS. Mit ein wenig Glück erleben die

Schiffsreisenden auch die wöchentliche Sprengung mit – unschwer zu erkennen an den explosionsartig emporschießenden Staubwolken; der sonore Klang wird indes von den vorbeidonnernden Zügen übertönt.

Der am zweithäufigsten fotografierte Berg ist aus Schiefer und trägt den Namen *Loreley* nach einer sagenhaften Riesin, die sich in Vorzeiten auf ihm breitmachte, die Spitze allmählich plattsaß und unter sich ein Bächlein entspringen ließ. Heute befindet sich dort oben der größte ungenutzte **Parkplatz** im mittleren Rheintal mit der bedeutendsten Volumenmenge illegal abgeladenen Mülls samt dem zahlenmäßig umfangreichsten Vorkommen wild lebender Ratten.

Die meisten Touristen bevorzugen die Vergangenheit, und das ist die Sage. Ihr zufolge kämmte sich die dicke Loreley pausenlos **Läuse** aus dem Haar in dieser heute noch an Ungeziefer so reichen Gegend. Weil sie eine Riesin war und ihre Läuse entsprechend groß, plumpsten die ausgekämmten Tiere mit derartiger Wucht ins Wasser, dass die entstehenden Wellen Lastschiffe zum Kentern und Fischerboote zum Sinken brachte. Die Loreley soll jedes Mal hässlich gelacht haben, wobei ihr ausgestoßener Atem dem in der Nähe angebauten Wein sein fauliges Aroma verlieh.

Mag das auch eine Sage sein, tatsächlich schmeckt der Wein hier ein wenig aasig, was Experten zufolge jedoch lediglich am hohen **Schwefelzusatz** liegt. Und außerdem gibt es hier wahrhaftig ungewöhnlich viele Schiffshavarien. Bagger kippen von Kiesfrachtern, Tankschiffe verlieren Schwefelsäure, Drachenboote kentern, Container purzeln von Frachtschiffen, Jetskis versinken samt ihren Nutzern, sodass Touristen eigentlich immer etwas zu sehen bekommen.

Nicht selten allerdings läuft auch ihr eigenes Schiff auf Grund oder wird von einem entgegenkommenden **Schleppverbund**, der die Kurve nicht kriegt, frontal gerammt. Manchmal wird dann ein Teil des Fahrgeldes zurückerstattet, entweder an diejenigen, die es noch in Empfang nehmen können, oder an die Erben.

DER DICHTER SPRICHT

Etliche Poeten haben das mittlere Rheintal besungen, freilich zu einer Zeit ohne Güterzüge, ohne Steinbrüche, ohne Tankschiffe und ohne Souvenirshops. Heute sind poetische Äußerungen rar. Seien wir froh, dass es aus neuerer Zeit eine gibt. Sie stammt vom rheinland-pfälzischen Kulturstaatssekretär Walter Schumacher und fasst die einmalige Atmosphäre der Region zusammen: «Dafür, dass die Loreley ein weltberühmter Platz ist, ist sie relativ versifft. Aber nicht jeder siffige Campingplatz ist gleich Weltkulturerbe.»

WÜRZBURG

Von Würzburg bleibt den Besuchern wenig in Erinnerung. Vielleicht, dass sie auf einer alten **Mainbrücke** Wein getrunken haben, der nicht gut, aber teuer war. Und dass über der Stadt eine plumpe Festung hockte, die zu erklettern nicht lohnend schien. Dass aber zu ebener Erde ein Schloss stand, **Residenz** genannt, mit dem größten Treppenhaus der Welt oder mit dem größten Deckengemälde über dem zweitgrößten Treppenhaus oder umgekehrt. Was auch immer da an die Decke gemalt war, der Nacken tut immer noch weh.

Ansonsten war und bleibt die Stadt gesichtslos. Gegen den ausdrücklichen Wunsch vieler Bürger wurde sie nach dem zweiten Weltkrieg wieder aufgebaut. Auf dem alten Grundriss, doch im gänzlich charmefreien Stil der fünfziger Jahre, kunstlos, schmucklos, kahl. Wenige Gebäude sind tatsächlich alt oder im alten Stil rekonstruiert. Sie sind Inseln in einem Meer des Trübsinns. Der unfrohe Eindruck wird verstärkt von sagenhaften sechzig **Kirchen**. Das sind mindestens fünfzig zu viel für hundertzwanzigtausend Einwohner, von denen obendrein ein Viertel Studenten sind, die allenfalls am Abend vor der Prüfung beten.

Der Bischof von Würzburg gilt als therapiebedürftig. Immer wieder muss er sich rechtfertigen für eigentümliche Vorkommnisse in Priesterseminaren. Mit gutem Grund trauert er den Zeiten nach, als Stadt und Land noch als **Gottesstaat** regiert werden durften. Das war jahrhundertelang ungebrochen der Fall. Religiöse und weltliche Macht waren ungetrennt.

Der Bischof durfte sich auch als weltlicher Tyrann aufführen (*Fürstbischof*). Er musste sich für nichts rechtfertigen, seine Untertanen für alles. Er selbst wie seine Vorgänger und seine Nachfolger durften **Hexen** verbrennen, so viel ihnen gefiel. Und das taten sie. Sogar Frauen, aber auch Männer und Kinder, die selbst unter Folter noch darauf beharrten, sie hätten weder die Ernte verhext noch ein Gewitter herbeigezaubert noch mit dem Teufel persönlich geschlafen, wurden sicherheitshalber auf den Scheiterhaufen gezerrt.

Heute geht das nicht mehr so ohne weiteres. Genau genommen war damit schon Schluss, als Napoleon in die Stadt zog und das Bischofsregime absetzte. Das ist mehr als zweihundert Jahre her. **Napoleon** schritt durch das Schloss des Diktators und rief: «Dies muss das feisteste Pfarrhaus Europas sein!» Und das ist es auch geblieben, zumal Tebartz-van Elst in Limburg gebremst wurde.

Auch heute noch sind unvorbereitete Besucher geschockt von der Größe der **Residenz**. Die am häufigsten gestellte Frage wird schüchtern hervorgebracht: «Müssen wir uns das etwa alles ansehen?» Nein. Die *UN-Konvention gegen Folter* schreibt vor, dass kein Mensch, gleich welcher Herkunft und Hautfarbe, gezwungen werden darf, sich mehr als ein Fünftel eines Museums, Schlosses oder sonst einer sogenannten Sehenswürdigkeit anzusehen.

Bei der Residenz mit geschätzten 360 Räumen wäre die Tour tatsächlich unmenschlich. Das *Deutsche Institut für Menschenrechte* hat deshalb durchgesetzt, dass höchstens 40 Räume besichtigt werden müssen. Zu viel Schnörkel, Kitsch und Trödel sind es trotzdem. Als absolut unabwendbar gilt die Bewunderung des **Treppenhauses** mit den Fresken an der Decke. Der Maler Tiepolo hat sie selbst als misslungen empfunden, aber die Führer schwärmen gern davon («Meisterwerk»).

Zu sehen sind schwerfällige Darstellungen jener vier **Kontinente**, von deren Existenz man im 18. Jahrhundert wusste. Amerika wird verkörpert von einer Walküre mit Federbusch, die mit viel Nachsicht als Indianerin durchgehen kann. Afrika, ohne Schwarze, wird von einem Elefanten symbolisiert. Asien glänzt ohne Asiaten, dafür mit Ruinenresten. Auf allen Kontinenten scheinen nur fettleibige Europäer zu wandeln. Europa selbst ist ein trompetender Engel. Darüber prangt das aus Doppelkinn und Puderperücke zusammengesetzte Profil des Herzogs Greiffenclau. Der war ein politischer und religiöser Despot seiner Zeit.

Es sind noch eine Menge geblähte Wolken und gedunsene Leiber zu sehen. Die überwiegende Zahl der Besucher winkt ab, massiert sich den Nacken und ist froh, die Treppe hinter sich lassen zu dürfen. Es folgen etliche **Säle** voller Plunder und Dackelfransen. Ein *Weißer Saal*, in dem Stuck wie Schimmelpilz die Wände bewuchert, ein geblähter *Kaisersaal* zur Einschüchterung von Bittstellern, ein *Spiegelsaal*, den Historiker immerhin als den Puff der Fürstbischöfe ausmachen konnten, dann reichlich Zimmer voller Ranken, Flitter und Parketteinlagen. Wer es schafft, flieht seitwärts in den Hofgarten, wo weder Fresken noch Fayencen Aufmerksamkeit fordern.

Zum Glück unauffällig bleibt die turmlose **Hofkirche**, in der es von der Decke rieselt, weil der Stuck sich auflöst, nach alter Sage stets im Einklang mit dem sich auflösenden Glauben der Gemeinde. In den weiträumigen **Kellergewölben** unter dem Gebäude finden Irrende zum Glauben zurück. Sie sind für organisierte Besäufnisse zugänglich. Hier wurde auch die Unesco-Kommission abgefüllt, damit sie den Schwulst zum unterstützenswerten Kulturerbe erklärte.

Was es sonst noch gibt:

DIE FESTUNG MARIENBERG, eine gefängnishafte Burganlage über der Stadt mit Möglichkeit zum Runtersehen.

Treppen führen von der Alten Mainbrücke hinauf. Als bester Besuchstag gilt der Montag. Dann hat das Burgmuseum geschlossen.

DIE ALTE MAINBRÜCKE, eine Art Prager *Karlsbrücke* für Arme, mit vielen lästigen Insekten und Radfahrern. An einer Warteschlange lässt sich erkennen, wo lauwarmer Billigwein ausgeschenkt wird. Gekotzt wird traditionell von der Brüstung aus, aber *mit* dem Wind.

HEXENTURM, SCHNEIDTURM, LOCHGEFÄNGNIS IM RATHAUSTURM. Eine Vielzahl von Hexengefängnissen war nötig in dieser Stadt, die heute als Hochburg der Reinkarnationstherapie gilt. Unter Hypnose entdecken hier fast alle Frauen, aber auch Männer, dass sie im letzten Leben als Hexe verfolgt wurden. Entschädigungszahlungen erfolgen unter dem Decknamen «Hartz IV».

FORUM-HAUS AUF DEM MARKTPLATZ: Statt ein zerstörtes großbürgerliches Handelshaus (Petrini-Haus) zu rekonstruieren, wurde an seiner Stelle ein Neubau errichtet. Der sieht aus wie eine zu groß geratene Volksbankfiliale, was er allerdings auch ist. Größtes Lob: Vom Marktplatz bleibt den Besuchern jetzt der Blick auf die Festung Marienberg erspart, weil die Sichtachse zugebaut ist. Das Haus wurde zum schönsten am Platz gewählt, und zwar von der Blindenvereinigung: «Taktile Kriterien gaben den Ausschlag.»

DER DICHTER SPRICHT: «Salzburg, Augsburg, Regensburg, Würzburg, ich hasse sie alle, weil in ihnen jahrhundertelang der Stumpfsinn warmgestellt ist.» *Thomas Bernhard*

HAMBURGS SPEICHERSTADT UND HAFENCITY

Die Hamburger Speicher«stadt» mag karg und düster wirken. Doch für Rekorde sind die zwei oder drei Reihen Lagerhäuser immer noch gut!

Beispiel: Nirgends ist der **Kokainverbrauch** pro Quadratmeter Nutzfläche höher als hier. Nirgends auch kommt es zu so vielen Verstauchungen, Bänderrissen, Knöchelbrüchen auf so kurzen Wegen. Und nirgendwo sonst sind so viele Menschen gekündigt, vertrieben, umgesiedelt worden für derartig trostlose Bauten.

Mehr als zwanzigtausend Leute wohnten hier einst, auf dem Gelände am heutigen Zollkanal, bis im November 1883 die **Dampfbagger** zum Abriss anrollten. Nach dreihundert Jahren. So lange war das Areal ein verwinkeltes Wohngebiet gewesen, eng bebaut, lebendig, malerisch, von genau dem anrührenden Charme, den Romantiker heute in Rothenburg oder Heidelberg suchen.

Aber ade, Fachwerk, schmale Gassen, idyllische Plätze. Fünf Jahre nach der einzigartigen Kahlschlagaktion standen an der Stelle der historischen Gebäude nun *historisierende* Gebäude: monotone **Lagerblöcke** im neogotischen Stil. Es könnten auch Kasernen oder Gefängnisse sein, nur sind dafür die Fenster zu klein. Hinter den dicken Mauern, in niedrigen, lichtlosen Speicherböden sollten Kaffee, Tee, Getreide, Gewürze schimmeln.

Kaiser Wilhelm II. – «der blasierteste meiner Enkel» (Queen Victoria) – setzte im Oktober 1888 eigenhändig den Schlussstein zur steinernen Einfallslosigkeit. Ein Fünftel der Bewohner von einst,

77

zwangsumgesiedelt *zur Ehre Gottes, zum Besten des Reiches,* war zu diesem Zeitpunkt schon dahingesiecht, nicht zuletzt, weil sie zu Winterbeginn vertrieben worden waren.

Es ist genau diese Entstehungsgeschichte, die Kulturfreunde hellhörig gemacht hat: Wäre das vielleicht was fürs *Welterbe?* Ja, doch, wahrscheinlich! Zumal noch der Rekord mit den **Knöchelbrüchen** hinzukommt. Dank einer gemeinschaftlichen Spende von Bikershops, Kofferläden, Schuhhändlern und Orthopäden konnte das Kopfsteinpflaster echt altertümelnd verlegt werden. Auf dem groben Pflaster poltern nun die Autos fast so laut wie früher die Fuhrwerke. Und nicht nur das, beobachtete Stadtchronist *Sebastian Schnoy:* «Rollkoffer werden hier in ihre Einzelteile zerlegt, Frauen brechen sich die Absätze, Kinder werden in ihren Karren zum Erbrechen geschüttelt, Radfahrer verkeilen ihre Reifen und stürzen.»

Das versorgt mehrere Branchen mit Kundschaft. Besonders die hohe Dichte an Unfallchirurgen und Orthopäden im Umkreis fällt auf. Sie tragen zur dringend nötigen Belebung des toten Stadtteils bei. Seit Waren in Containern transportiert und gelagert werden, sind die alten Kaffeekasernen nutzlos. Eine Zeit lang haben orientalische Händler noch ihre handgeknüpften **Teppiche** hier gelagert, bis sie mitbekamen, dass niemand an ihrem Fransenplunder interessiert war.

Statt ihrer ziehen Werber, Designer, Modehändler ein. Für deren Bedürfnisse sind die Speicher saniert und mit Brandschutz und Fluchtwegen versehen worden. Noch wichtiger als Brandschutz ist den Kreativen jedoch der Nachschub an **Brennstoff.** «Für uns ist es immer eine traurige Nachricht, wenn im Hafen wieder mal eine Tonne Koks entdeckt wurde, irgendwo unter einer Ladung Bananen oder Ananas», seufzt ein Mediaplaner. «In Kolumbien schrumpft der Regenwald, weil der Kokainanbau boomt. Und dann wird der

Stoff hier einfach so von gedankenlosen Fahndern vernichtet? Das ist das Gegenteil von nachhaltig!»

Zum Glück wird nicht alles entdeckt. Damit die Kreativen eloquent und einfallsreich bleiben, damit die Textiler vor der Präsentation cool bleiben, damit die Designer ihre Zielzahlen übertreffen können, ist das Feel-Good-Programm unabdingbar. Die Speicherstadt ist für den Stoff der wichtigste **Umschlagplatz**. «Konferenzen und Diskussionsrunden wären ohne eine Nase gar nicht auszuhalten», erklärt ein Kontakter. «Das Pulver inspiriert, lässt einen die Dinge neu sehen, sorgt für optimistische Aufbruchstimmung und stärkt das Durchhaltevermögen. Und die Mitarbeiter können sich sicher fühlen. Heimlich eine Haarprobe zu nehmen, ist nicht erlaubt.»

Koks stillt überdies den Hunger. Das ist ein wichtiger Nebeneffekt, denn zu essen gibt es in der Speicherstadt wenig oder gar nichts. Restaurants sind unerwünscht, Einzelhandel ist nicht vorgesehen. Deshalb ist der Bezirk so **mausetot**, besonders bei Dunkelheit, zumindest für alle, die sich nicht gerade eine Linie reingezogen haben. An ein paar Abenden im Jahr wird extra ein Lichtkünstler engagiert, der mit viel Aufwand ein paar Effekte auf die trostlosen Fassaden zaubert. Dann werden die Fotos gemacht, gern mit Spiegelung im Kanal.

Übrigens lassen sich die Lagerhäuser auch vom Kanal aus besichtigen, bei einer **Barkassenfahrt**. Hilfreich dabei ist ein *Noise-Cancelling*-Kopfhörer, der vor den ranzigen Witzen des Barkassenführers schützt. Auch wichtig: genügend Wasser unterm Kiel. Oft fahren die Barkassen nicht in die Kanäle, weil der Wasserstand nicht ausreicht. Das wird aber erst erzählt, wenn alle an Bord sind und bezahlt haben. Diese Diskretion nennt man auch *hanseatisches Understatement*.

MÖGLICHKEIT ZUM BESTRAFEN UNARTIGER KINDER:
Gang durch die Speicherstadt mit anschließendem Besuch
des Zollmuseums oder/und des Gewürzmuseums (mit 53
verschiedene Gewürzen!).

**MÖGLICHKEIT ZUM ENTSORGEN LÄSTIGER VER-
WANDTER:** «Stellt euch in die Schlange dort, ihr Lieben,
die steht fürs *Hamburg Dungeon* an. Ich kenne das schon.
Aber es lohnt sich echt!» Wenn auch nur für diejenigen, die
dort ihre Schwäger, Onkel, Nichten abgeben können.

Auf der anderen Straßenseite beginnt bereits das Neubaughetto
mit der berüchtigten Elbphilharmonie. Das ist nun nicht mehr
die Speicherstadt, das ist die sogenannte **Hafencity**. Die beiden
Viertel haben viel gemeinsam. Beide sind Retortenstadtteile, nur
dass der eine vor hundertdreißig Jahren gebaut wurde, der andere seit 2001. Beide haben keine Anbindung an die eigentliche
Hamburger City. Weder zu Fuß noch mit öffentlichen Verkehrsmitteln sind sie gut zu erreichen. Und schließlich sind beide Quartiere allabendlich steinerne Friedhöfe, zugig, unwirtlich, einsam
und kalt.

Bei der Hafencity wird der abweisende Eindruck noch dadurch
verstärkt, dass die Fenster der Häuser geschlossen bleiben. Dabei
wohnen hier ganz normale Menschen. Menschen, die eigentlich atmen müssten. Doch genau die Atemluft ist der Grund, weshalb sie
die Fenster nicht öffnen. Vom nahen Kreuzfahrtanleger wabern die
Abgase der Monsterschiffe herüber. **Verbranntes Schweröl** zieht
hier in Schlieren über die Dächer. Wer oben wohnt, bekommt am
meisten mit. Touristen, die unten herumirren, freuen sich manchmal über den Geruch. Er erinnert sie an ihre letzte Schiffsreise, an
diejenige, bei der sie direkt unterm Schornstein saßen.

Aber warum haben die Insassen dieser ungemütlichen Neubauten obendrein die **Vorhänge zugezogen**? Der Guide erklärt es gern. Erstens halten die Vorhänge das zerblasene Altöl besser ab (und zwar bis zu drei Monate lang, erst dann müssen sie als Giftmüll entsorgt werden). Und zweitens sind die Bewohner gern mal für sich. Das ist schwierig. Die Häuser sind so dicht aneinander gebaut, dass niemand ein Fernglas benötigt, um ins Wohn- und Schlafzimmer der Nachbarn zu schauen. Eine **Gleitsichtbrille** genügt. Und ein mittelpreisiges Smartphone zum Filmen. Zahlreiche beliebte Privatclips auf Youtube wurden in der Hafencity aufgenommen. Allerdings zeigen sie meist ältere Paare. Anfangs begierige Beobachter schauen bald freiwillig weg.

Lediglich die Häuser in der ersten Reihe auf der Südseite haben freien Blick über einen Elbarm und schauen unbehindert auf die planierten Leerflächen und **Halden von Gebrauchtwagen** am gegenüberliegenden Ufer. Alle übrigen Fassaden stehen Wange an Wange und schaffen enge Schluchten, durch die der Wind pfeift. Vorher unberechenbare Strömungsverhältnisse sorgen jetzt dafür, dass es ständig zieht. Bei Regen wird man – Schirm oder nicht – in der Hafencity schneller klatschnass als irgendwo sonst in Hamburg. Und das will was heißen.

Das Tourismusbüro will jetzt mit dem neu entworfenen Slogan «Urlaub machen, wo andere depressiv werden» mehr Neugierige locken. Das echte Leben hier entgeht jedoch den Tagestouristen. Denn trotz der Emissionen, trotz der zugigen Unwirtlichkeit gilt das Viertel als **ökologische Besonderheit**. Sicher wird es hier niemals urbanes Leben geben. Die Klötze aus Glas und Beton werden bis auf wenige Ausnahmen immer stereotyp und unnahbar wirken. «Als Gott die Hafencity schuf, litt er unter Würfelhusten», erklärt ein Immobilienfachmann. Ein anderer findet immerhin lobende Worte für die gelungene *Wolfsschanzenarchitektur*. Doch so seelenlos und artifiziell die Steinwüste sein mag – unlängst hat sie einen der begehrtesten ökologischen Preise bekommen: die *Goldmedaille der Internationalen Arachnidenforscher.*

Arachnidenforscher beschäftigen sich mit Spinnen. Weltweit gibt es keinen anderen Ort, an dem eine bestimmte Art so häufig vorkommt wie hier: die Brückenkreuzspinne. Millionen dieser **spärlich behaarten Achtbeiner** wimmeln durch die Hafencity. Sie nisten in den Fugen der Fenster und in den Ritzen der Geländer, sie lauern in den Spalten der Fassaden, krabbeln aus kleinen Löchern im Mauerwerk, aus winzigen Rissen in der Beschichtung der Balkone, sie quellen in Heerscharen unter den Terrassen hervor, denn anders als andere Spinnen sind sie keine Einzelgänger, sondern leben in riesigen Kolonien. Fenster und Gitter überziehen sie mit klebrigen Netzen voller ausgesogener Insekten. Sie sprenkeln die Fassaden mit hellem Kot.

Und nichts hilft, kein Lavendel, kein Gift, keine Hormonfallen, keine Elektronik, kein Ultraschall. Zu paradiesisch sind hier die Lebensbedingungen. Myriadenfach lockt das künstliche Licht bei Nacht die Insekten, an denen die wuselnden Heere sich laben. Ihre natürlichen Feinde, die Vögel, gibt es nicht in der Hafencity. Sie fänden hier nirgends Grün. Es gibt nur die Spinnen.

«Sie und nur sie machen diesen Stadtteil lebendig», rühmen die Forscher. In der Prägung der Goldmedaille ernennen sie das Quartier feierlich zur *Spider City.*

LÄSTIGE VERWANDTE LOSWERDEN: Das *Maritime Museum.* Das ist zuerst schwer zu finden und dann ermüdend. Es gibt zehn Stockwerke («Decks») und viele, viele Treppen. Die Verwandten sollen bitte jedes der 36 000 Schiffsmodelle (vorwiegend im Verhältnis 1:1800) einzeln würdigen – und gern auch die Fülle an Uniformen, Marinewaffen und Militaria. Immerhin enthält das Museum die größte öffentliche Sammlung an Hakenkreuzen. «Zählt doch einfach mal!» Für die Ältesten ist das ein letztes aufregendes Abenteuer.

UNARTIGE KINDER BESTRAFEN: Die Kinderabteilung des Museums.

An der westlichen Spitze der Hafencity steht das meistgemobbte Gebäude Hamburgs, der *steinerne Albtraum,* der *Skandalbau,* das *Mahnmal des Größenwahns,* das *architektonische Desaster,* das *Milliardengrab,* die **Elbphilharmonie.** So viel Böses und Gemeines ist darüber geschrieben worden, dass hier nur Gutes berichtet werden soll.

* Allen Unkenrufen zum Trotz ist die Elbphilharmonie für Konzertbesucher sehr gut erreichbar. U-Bahn-Stationen zweier Linien liegen in unmittelbarer Nähe, die Stationen *Hafencity* und *Baumwall.* Von dort zum Eingang sind es lediglich zwei Kilometer.

* Seit 2016 gehört die Elbphilharmonie zu den Top Ten. Zu den zehn teuersten Wolkenkratzern der Welt. Als Wolkenkratzer gelten bewohnbare Gebäude über 100 Meter Höhe. Die *Elphi* erreicht knapp 110 Meter und hat es trotzdem ins Rekordpreis-Ranking geschafft!

* Die Fenster müssen nicht enteist werden. Sie sind auch nicht wegen zu hoher Raumfeuchtigkeit beschlagen. Eine Entfeuchtung kann unterbleiben. Die Scheiben sehen lediglich so aus, als seien sie beschlagen oder vereist! «Entweder das eine oder das andere entspricht immer exakt dem Hamburger Wetter», erklärt ein Bewohner.

* Je weniger der Betrachter vom Gebäude sieht, desto hübscher erscheint es. Von Land und aus der Nähe ist die Sicht ohnehin verbaut. Lediglich wer sich übers Wasser

nähert, entgeht dem monströsen Anblick nicht. «Dicker Hintern auf steinernem Klo», nennen es die Barkassenfahrer liebevoll.

* Die Kosten sind keinesfalls so explodiert wie behauptet. Veranschlagt waren siebzig Millionen Euro, daraus sind achthundertvierzig Millionen geworden. Die Verzwölffachung ist kein unhanseatischer Makel, sondern laut Finanzbericht «ein exaktes Spiegelbild der Überschuldung der Hamburger Privathaushalte».

* Die spektakuläre Signalwirkung des Operngebäudes von Sydney war Vorbild für den Hamburger Versuch. Jetzt haben die *Supporters of the Sydney Opera* endlich das ersehnte Lob gespendet. Die Elbphilharmonie gleiche «einem gestauchten Karton, dem eine mottenzerfressene Gardine übergeworfen wurde». Na, das ist doch was! Danke!

* Als Teil der *Exzellenzoffensive* sollten Klobürsten zu dreihundert Euro pro Stück angeschafft werden. Die jetzt verwendeten Exemplare haben lediglich fünfzig Euro gekostet! Dass sie dennoch von den Besuchern nicht benutzt, sondern mitgenommen werden, ist laut Bauleitung «ein Kompliment für die Innenausstatter».

* Entgegen den Prophezeiungen der Pessimisten sind An- und Abfahrt mit dem eigenen PKW problemlos möglich. Und das, obgleich nur eine einzige enge Straße zur Elphi führt. Stört nicht. Nach Konzerten löst sich der Stau erfahrungsgemäß schon innerhalb weniger Stunden auf!

* Die Folie muss nicht mehr abgezogen werden. Besucher aus aller Welt vermuten das zwar und wollen den Termin wissen. Doch die Elbphilharmonie ist kein elektronisches Gerät, das mit dünner Schutzhaut geliefert wurde, die der

Verbraucher sorgsam lösen muss. Das sieht nur so aus. Auf dem Gebäude klebt keine Folie. Das ist die originale Fassade!

* Die Hamburger versichern auf Nachfrage beharrlich, es gebe «Perspektiven, aus denen die Elbphilharmonie ganz gut aussieht». Welche Perspektiven das sind und von wo man schauen soll, kann allerdings keiner sagen.

SYLT

Jahrelang lautete die Regel: Pensionierte Lehrer fahren nach Amrum, Inklusionsklassen nach Föhr. Wer noch Spaß am Leben hat, begibt sich nach Sylt. Dieses Bild wandelt sich. Es wird schwieriger mit dem Spaß. *Botox Island* nannte eine Zeitschrift ihren Bericht über Sylt. Anhand verblüffender Fotos wies die Reporterin eine unübersehbare Ähnlichkeit nach zwischen den **Betonbunkern** von Westerland und den Betongesichtern von Kampen.

Und es ist was dran. Die Leute, die auf dem Strönwai in Kampen flanieren oder zu flanieren versuchen, sehen aus, als hätten sie in ihren besseren Jahren in der Soap *Reich und Schön* mitgespielt. Mittlerweile ginge das nicht mehr. Die Mimik streikt. Das liegt an den **Verjüngungsbemühungen**. Faltenunterspritzungen mit Kollagen oder Hyaluronsäure reichen irgendwann kaum noch. Die fortgeschrittene Sylt-Urlauberin benötigt dann ein *Permanent Make-Up* mit Lippenauffüllung, Augenkonturierung, Wimpernverdichtung und Neugestaltung der Brustwarzen.

All das wird, wie jeder Spaziergänger unschwer erkennt, in den regionalen Kliniken recht gut bewältigt. Wenig später jedoch wird eine umfassende Faltenglättung mittels Botox unvermeidlich. Genauer mit **Botulinumtoxin** Typ A. Der Eingriff gilt als minimalinvasiv. Zornesfalten und Krähenfüße verschwinden, Lachfältchen allerdings auch, zumindest für ein halbes Jahr.

Dann ist die nächste Dosis fällig. So entsteht mit der Zeit genau das, was die Reporterin *Betongesichter* genannt hat. Ästhetische

Chirurgen nennen es *Frozen Faces*. Zwischen Stirn und Hals bewegt sich nichts mehr. Heiterkeit oder Trauer, Begeisterung oder Wut, Glück oder Verzweiflung – das **Sylter Gesicht** drückt stets dasselbe aus: gespannte Glätte.

Zwar bemühen sich die Botox-to-go-Spezialisten, eine *Restbeweglichkeit* zu erhalten. Doch die beschränkt sich eher auf das Nachziehen der Füße. Es ist kein Zufall, dass die Autoren einer der erfolgreichsten Serien ausgerechnet in Kampen auf ihre Ideen kamen: *The Walking Dead* und *Return of The Walking Dead*.

Doch das ist nicht alles, was Sylt zu bieten hat. Es wäre unfair, den Zauber der Insel auf Zombies zu reduzieren. Immerhin haben Unesco-Experten die 99 Quadratkilometer eigens mit dem Hubschrauber überflogen. Und sie haben hingesehen, wenn auch nicht sehr genau. Denn sie entdeckten hier «**die letzten aktiven Wanderdünen** Deutschlands». Das war ein Irrtum und bleibt es auch. Es handelte sich keineswegs um wandernde Dünen, sondern um wandernde Hundertfünfzig-Kilo-Nackte, deren verschwitzte, sandverklebte Körper sich bei *Buhne 16* in Zeitlupe hin- und herschleppen, immer von der Austernbar zum Wasserrand und zurück.

Egal, das Unesco-Prädikat ist verliehen. Und durchaus mit höherem Recht. Denn es war genau dieser jetzt ins Welterbe aufgenommene **Nacktbadestrand**, an dem einst *Playboy* Gunter Sachs partout die Badehose nicht ausziehen wollte («Lieber erschieße ich mich»). Und von dem die Kollegin Romy Schneider nach kurzer Begutachtung abreiste, mit der seltsam angewiderten Bemerkung: «In jeder Welle hängt ein nackter Arsch.»

Zugegeben, was da nackt hängt, ist unerfreulich anzuschauen. Befragte **Rettungsschwimmer** gaben zu Protokoll, sie selbst und die Gäste wollten «höchstens einskommafünf Prozent der Leute, die sich hier ausziehen, tatsächlich nackt sehen». Das ist traurig. Denn längst investieren auch Männer reichlich Geld in den spezialisierten Insel-Kliniken. Zum Beispiel für das ab Vierzig obligatorische **Hinternlifting** und natürlich für die in jedem Alter gefragte Penis-Verlängerung. Was diese betrifft, lässt die Kundenzufriedenheit zu wünschen übrig. Der *Goldstandard* sei schwierig zu erreichen, erklärt ein Sylter Aufbauspezialist, «auch die plastische Chirurgie hat Grenzen».

Zahlreiche Handykameras haben diese Grenzen mittlerweile an **Buhne 16** erforscht und als Doku ins Web gestellt. In diesen sogenannten *Arthouse*-Filmen wird auch der Nachteil der freimütig verabreichten Testosterongaben offensichtlich. Durch die Spritzen wird das männliche Muskelwachstum ansehnlich vergrößert. Doch indem das Testosteron von außen zugeführt wird, erlischt die körpereigene Hormonproduktion. Die Hoden schrumpfen, soweit sich das am Strand erkennen lässt, auf Erbsengröße. Ferngläser mit extremem Zoom sind an den Uferbars gegen geringe Gebühr ausleihbar.

Es gibt jedoch auch ermutigende Entwicklungen. So ist es gelungen, den beliebten **Hundestrand** behutsam und nachhaltig in den FKK-Strand zu integrieren. Gegenseitiges Beschnuppern ist nun ohne falsche Scheu möglich. Und die **Stricherszene** in den Westerländer Dünen ist sogar in die *Liste des erhaltungsbedürftigen immateriellen Kulturerbes* aufgenommen worden. Von Thomas Mann bis Fritz J. Raddatz suchten hier zahlreiche Gentlemen Erfüllung und fanden sie bisweilen auch. «An diesem erschütternden Meere habe ich tief gelebt», notierte Thomas Mann. Dafür gab es dann den Nobelpreis.

Gewöhnliche Urlauber müssen sich mit anderen Tiefpunkten abfinden. Da ist zum Beispiel das konservierte Dorf Keitum, berühmt für seine echten Linden und Kastanien. Gäste sind herzlich eingeladen, darunter auf und ab zu gehen und die reetgedeckten **Kapitänshäuschen** zu betrachten. Eines der Häuschen wurde sogar zum Museum umgebaut. Gewöhnlich ist es frei von Besuchern.

Inselurlauber begeben sich erst nach drei Wochen Dauerregen hierher, und auch dann nur ungern, weil man sich so schnell sattsieht an Truhen, Fliesen und Küchengeschirr.

Ganz im Norden, in List, verbreiten Marinebauten der dreißiger Jahre eine untilgbare **Aura der Depression**. Daneben droht das *Erlebniszentrum Naturgewalten* allen arglosen Touristen mit einer erschöpfenden Dokumentation über den Unterschied zwischen Ebbe und Flut. Ganz im Süden bietet Hörnum einen Leuchtturm mit einem preisgünstigen Blick nach Föhr, wo die Inklusionsklassen gerade das **Leben der Wattwürmer** protokollieren, und einem Blick nach Amrum, wo die Pensionäre sich bereit machen für das einzige Unterhaltungsprogramm der Insel, den unablässig wiederholten Lichtbildervortrag *Das Watt im Wechsel der Jahreszeiten*.

Der wichtigste Ort auf Sylt bleibt aber das zentrale Westerland. Erstens, weil dieser Ort die älteste und immer noch **größte Plattenbausiedlung Norddeutschlands** darstellt, mit den höchsten Mieten für die baufälligsten Betonriegel. Und zweitens und vor allem, weil sich hier die Autoverladestation befindet, von der aus die Insel wieder verlassen werden kann, meist erst nach stundenlanger Wartezeit. Doch wer auf dem Festland angekommen ist, sagt dankbar: Das Warten hat sich gelohnt.

BELIEBTESTES FOTO: Sonnenuntergang am Roten Kliff.

BELIEBTESTE GOURMET-SPEISE: Schietwettertee.

BELIEBTESTER VERKEHRSKNOTENPUNKT: Rollator-Treff in Kampen.

BELIEBTESTES ZITAT: «Die ehemals Reichen und Schönen haben neuerdings Mühe, jemanden zu finden, der ihnen die Kotze wegwischt.» *Tanja Stern*

BELIEBTESTE INVESTITION: Bislang 200 Millionen Euro für Sandvorspülungen an der Westküste. Wenn die Insel im

Einklang mit der Natur leben müsste, gäbe es sie nicht mehr. Die Wellen hätten sie weggetragen. «Das Meer mag diese Insel nicht», konstatierte vor hundert Jahren Sylts Dichter *Jens Emil Mungard*. Gegen diese Antipathie der Natur lässt sich etwas tun. In jedem Frühjahr kommen großen Saug-baggerschiffe und entnehmen dem Meeresboden Sand. Durch eine Rohrkonstruktion wird er an Land gepumpt. So entstehen neue Sandlagen, die besonders am Hundestrand stets dringend benötigt werden, natürlich auch am integrier-ten FKK-Strand, damit – wie ein Naturschützer erklärt – «die Hunde auch morgen noch kraftvoll zubeißen können».

MÜNCHEN

Andere Städte benötigen Kathedralen und Dome, brauchen Tempel, Moscheen, Synagogen. München braucht nur das **Hofbräuhaus**. In anderen Städten bemühen sich Yogaschulen, Meditationskreise, Lichtarbeiter, Hochpotenzler, Mantrensänger, Rebirther um das spirituelle Lifting der Stadt. Sie errichten esoterische Schulen, bauen schimmernde Kuppeln, richten Landeplätze ein für Besucher aus fortgeschrittenen Welten.

München braucht das alles nicht. München hat das Hofbräuhaus. «Wer in diesem **Heiligtum** nicht erleuchtet wird», erklärte der buddhistische Großmeister *Lama Golden Bear* nach einem Besuch im Jahre 2013, «der schafft es nirgendwo.» Der Fünf-Sterne-Lehrer meint es ernst: Exakt diese Touristenfalle, über die so viele Besucher sich bitter beschweren und für die alle Münchner sich abgrundtief schämen, genau diese Stätte **ruppiger Massenabfertigung** wird von spirituellen Experten als *der* Ort für den Quantensprung empfohlen. Und hier sind die Gründe.

* Der **Service** sei pampig, lustlos, unfreundlich, rügen Touristen. Alles wahr. Die Kellner wimmeln wartende Gäste ab, schnauzen sie an, fluchen, nehmen keine Bestellungen auf. Aber: Gerade das ist eine exzellente Schule der *Gelassenheit*! Geistiger Rat von Zen-Meister *Shunryu Suzuki*: «Langsam einatmen, langsam ausatmen. Die Vorgänge wahrnehmen, ohne sie zu analysieren, ohne zu vergleichen, ohne zu be-

urteilen. Ruhen. Zeuge sein.» Und falls der Kellner am Tisch Fäkalausdrücke verwendet, lächeln und geschehen lassen: «Auch die sind ein Ausdruck des Göttlichen.»

* Die **Wartezeiten** seien reine Folter, beklagen Gäste. Stimmt schon. Bis eine Bestellung aufgenommen wird, vergehen zwischen dreißig und hundertzwanzig Minuten. Bis das Essen dann kommt (lauwarm, wie es gesund ist), verstreichen nochmal ein bis zwei Stunden. Ein Problem? Nicht für Pilger des geistigen Weges! «Warten ist ein Geisteszustand», erklärt der gern in München gastierende spirituelle Lehrer *Eckhart Tolle*. «Es bedeutet, dass du die Zukunft willst. Du willst nicht die Gegenwart. Du akzeptierst nicht, was du hast. Du willst das, was du nicht hast.» (In diesem Fall das Essen.) Schluss mit diesem inneren Kampf! «Entspanne dich in das, was *ist*, entspanne dich in den Augenblick.» Nirgends geht das besser!

* Der **Schmutz** verderbe den Appetit, beschweren sich Besucher. Die Fußböden seien dreckig, die Stühle klebrig, die Tische verschmiert. Schmutziges Geschirr vom Vorgänger werde nicht vom Tisch geräumt, sondern bestenfalls beiseitegeschoben. Und der Weg zu den Toiletten sei nur deshalb so leicht zu finden, weil er patschnass sei. Ist das schlimm? Im Gegenteil. «Gerade in unserem Widerstand und in unserer Negativität erfahren wir, wie sehr der urteilende Verstand uns im Griff hat», erklärt der buddhistische Meister *Surya Das*. «Der Erleuchtete gleitet durch alle Hindernisse widerstandslos wie der Mond durch die Wolken.» Auch und gerade beim Klogang.

* Der **Lärm** sei nicht auszuhalten, melden geschädigte Touristen. Tatsächlich? Apps zur Ermittlung der Lautstärke messen hier lediglich hundert bis hundertzehn Dezibel

an einem durchschnittlichen Abend. Das entspricht einer Kettensäge aus einem Meter Entfernung. Also kein Thema! Bleibende Höreinbußen und Verlust der Zellen im Innenohr nimmt jeder gern in Kauf, der hier einkehrt. Und eignet sich irgendetwas besser für das Training der inneren Stille als tosender Lärm? Nein. Das ist ideal. *Swami Vivekanana:* «Wer innerlich still ist, für den ist der lärmerfüllteste Platz ein Ort tiefer Versenkung und unerschütterlicher Seinsgewissheit.» Hallo?!

✳ An das **Essen** können sich die meisten Opfer nicht erinnern. Überlebende berichten kaum Alarmierendes. Der Salat sei durch Wasser und Essig gezogen worden, die Bratkartoffeln mit altem Tran vollgesogen, die Knödel schmierig, der Dosenrotkohl unvollständig erwärmt, die Ente verdorrt statt gegart, und die Sauce sei als Pulver aus der Tüte gestreut worden («Die können Sie individuell anrühren»). Ja, und? Echte Buddhisten sollen nach dem Mittagessen eh nichts mehr zu sich nehmen! Für Anhänger anderer spiritueller Pfade ist das, was hier serviert und wie es auf den Teller geklatscht wird, ein rascher Einweihungsprozess. «Nirgends», erklärt *Lama Golden Bear*, «wird die Nichtigkeit alles Materiellen so offenkundig wie im Hofbräuhaus. Hier ist die vollkommene Verwandlung des Menschen möglich, die Erleuchtung, die grenzenlose Erleichterung.»

Nicht alle erreichen diese höchste Bewusstseinsstufe. Die weniger Begünstigten müssen die finale Erleichterung auf andere Weise suchen. Sind sie dem Hofbräuhaus entronnen, suchen sie eilig nach dem **Englischen Garten.** Dessen Eingang bei der Brücke über den Eisbach ist zehn Fußminuten entfernt, zehn Minuten, die quä-

93

lend werden können. Und ein Platz am Geländer lässt sich dann auch nicht so rasch ergattern. «Viele kotzen hier abends in die Wellen», erklärt Stadtführer Armin Wagner. «Und wir unterstützen das. Die Erbrechenden laufen um diese Zeit kaum noch Gefahr, einen der **Surfer** zu treffen, die tagsüber in den Stromschnellen üben.»

Wer es schafft, geht noch ein paar Meter in den «Garten» hinein, und biegt dann rasch vom Hauptweg ab. Tagsüber tun das auch viele. Es muss ja nicht gleich der erste Platz mit den vielen Tempotaschentüchern sein. Die Behörden raten zur Vorsicht am Wegesrand. Dass die Menschen hier bevorzugt mit gesenktem Kopf gehen, so als suchten sie etwas, hängt mit den zahllosen Hunden zusammen. Der Englische Garten ist kein Garten, auch kein Park, sondern eine struppige Anlage aus marodem Gehölz und räudigen Wiesen. Angelegt wurde sie als großes **Auslauffeld für Hunde**. Die sollen hier nicht angeleint werden, sie sollen frei herumtollen.

Hunde sind nicht nur des Menschen beste Freunde, sie sind auch die besten Sparringspartner für Mountainbiker. Allen Mountainbikern und Rennradlern sind in der Parksatzung die Wege als **Rennstrecke** übereignet worden. Hunde sollen auf die Wiesen, Radler auf die Wege. Das wird immer dann spannend, wenn beider Bahnen sich kreuzen. Da kommt es dann auf die Größe und Kampffreudigkeit der Hunde an, zudem auf die Geschwindigkeit der Biker und auf die Breite ihrer Reifen. Das *Best of* der **Kollisionen** gehört zu den meistgesehenen Jahresend-Specials der lokalen Web-Reporter.

Fußgänger sind im Englischen Garten eher ungern gesehen und werden zu Recht am häufigsten umgenietet oder gebissen – satzungsgemäß bestraft von denjenigen, für die diese Anlage erschaffen wurde. Einige **widerrechtlich eindringende Fußgänger** versuchen im Sommer, das Recht auf einen Platz zu erstreiten, indem sie sich ausziehen. Sie legen sich auf ein möglichst wenig verschmiertes Stück Rasen. Um sie herum bleibt der Platz immer frei. «Unsere **Nackerten** sind so fett und hässlich, dass keiner in ihrer Nähe sein will», erklärt Stadtführer Wagner. «Also, kein Mensch. Die Hunde kommen natürlich desto mehr und schnüffeln.»

Auch noch in München:

Der **Marienplatz**, wichtigster Treffpunkt für Taschendiebe und Antänzer, wenn ausnahmsweise mal kein Oktoberfest ist. Auf dem Balkon des Rathauses feiert jedes Jahr die Mannschaft von *1860 München* («*Die Löwen*») den Gewinn der deutschen Fußballmeisterschaft. Andere bedeutende Vereine gibt es in München leider schon seit geraumer Zeit nicht mehr.

Die nahe **Frauenkirche** («Zu Unserer Lieben Frau») ist leicht zu besichtigen. Denn sie gehört zu den zahlreichen Wahrzeichen der Stadt, die laut offizieller Empfehlung «besser nur von außen» betrachtet werden sollten, weil sie «innen noch trübsinniger» seien. Geschenkt.

Gäste, die gern kulturelles Interesse vortäuschen, begeben sich in eine der Pinakotheken oder zumindest in eines der Cafés. Die folgenden Merksätze reichen als Besuchsnachweis. **Alte Pinakothek**: «Dürer, Breughel und Raffael haben mir ganz gut gefallen, kein Einwand. Und Rubens – na gut, muss man mögen, nicht so mein Fall. Und bei der *Alexanderschlacht* sage ich ganz offen: Das muss nicht sein.» **Neue Pinakothek**: «Van Gogh, Cézanne, ganz großartige Stücke! Caspar David Friedrich auch sehr ansehnlich vertreten. Dann Manet – na ja. Aber dann kommt doch vieles, zu vieles, was nicht so toll ist.» **Pinakothek der Moderne**: «Da, muss ich euch sagen, gefällt mir das Gebäude besser als was da ausgestellt ist. Sind ja alles Lokalgrößen, die schon lange keine Rolle mehr spielen, mit denen der Direktor aber mal befreundet war. Zum Glück war ich am Sonntag da, da kostet das Ganze nur einen Euro. Und mehr ist es auch nicht wert.»

Gäste mit technischem Interesse verirren sich zuweilen noch ins **Deutsche Museum**. Es soll mal modern gewesen sein. Seit dreißig bis vierzig Jahren verschwinden die Exponate unter einer immer dichteren Staubschicht. Das hat etwas Anrührendes. Das Haus ist jetzt das Museum eines Museums – mit einer vergreisten Modelleisenbahn, einer schnarchenden Blitzshow, einem parkinsonkranken astronomischen Pendel und einem nachgeahmten Bergbaustollen, der vorwiegend das ist, was nach Wunsch der Besucher das ganze Museum sein sollte: geschlossen.

Schon fast vor der Stadt: **Schloss Nymphenburg**, ein aufgeblasenes Repräsentationsgebäude in einem verwahrlosten Park. Schön, um mal allein zu sein, denn zu diesem ranzigen Ensemble bemüht sich kaum jemand. Noch schöner, einfach nur vorbeizufahren, winkend, erleichtert, weil das Abreisen so schön ist.

DER DICHTER SPRICHT: Es gibt etwas, das allen blüht, die München nicht gesehen haben: ein langes, gesundes und erfolgreiches Leben. – *Karl Valentin*

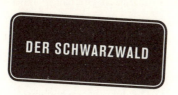

DER SCHWARZWALD

Es ist schade. Viele Reisende berichten in letzter Zeit ohne große Begeisterung vom Schwarzwald. Stattdessen ärgern sie sich über den Dauerstau auf der Schwarzwaldhochstraße, über die Konvois der **Gigaliner**, die sich nur von Bikern überholen lassen. Sie mokieren sich über fettiges Fastfood und dreisprachigen Nippes in den Buden von Titisee – und vergessen dabei, dass der Ort preisgekrönt wurde, und zwar noch vor kurzem als «Ballermann des Schwarzwaldes».

Sie wundern sich, dass sie nicht in lauschiger Abgeschiedenheit den Dreischluchtenpfad entlangwandern können, sondern in den **Gänsemarsch** der Bustouristen einschwenken müssen wie damals im Kindergarten, auf dass niemand verloren gehe. Sie regen sich auf über das ausladende Angebot echt asiatischer Kuckucksuhren in Triberg (mit Eichenlaub oder Hirschgeweih oder Zapfen und Ranken, mit Bäumchen, Hasen, Bären, reihernden Rehen und vögelnden Vögeln).

Sie stöhnen sogar über die «Toiletten nur für Gäste!»-Schilder im Ort. Dabei übersehen sie, dass der Aufstieg zum nahen Wasserfall zahlreiche idyllische Möglichkeiten bietet, sich **im Einklang mit der Natur** gründlich zu erleichtern. Häufchen von Papiertaschentüchern zeigen an, wo das bereits geschehen ist.

Immer wieder beschweren sich Besucher über die vollsynthetische, dafür aber **maschinenwaschbare** Kirschtorte im Glottertal und den verdünnten Schnaps in St. Märgen. Und sie werden ungeduldig, wenn in Hinterzarten ehemalige Skiweltmeister im Rollstuhl übers Pflaster geschoben werden.

Diese Gäste haben einen Schwarzwald erwartet, den es nicht gibt. Zwar mag er so in Filmen und Serien präsentiert werden, auch in verschneiten Glaskugeln und auf den Websites der Tourismusbüros. Doch der Wald ist weder schwarz noch tief noch schweigt er. Es ist weder so ruhig noch so schön, wie er mal war.

Dafür ist er in weiten Teilen zum Nationalpark erklärt worden. Denn hier soll ungestört etwas heranwachsen – geschützt und gehegt von **Rangern, Forschern und Sonderbeauftragten** –, das in seiner millionenfacher Vermehrung für Deutschland bald lebenswichtig sein könnte: der Borkenkäfer.

«Er ist das Tier der Zukunft», teilen die Käferbeauftragten mit. Eine Ansiedlung des beliebten Eichenprozessionsspinners war zuvor nicht von Erfolg gekrönt. Nun hat man endlich zehntausend Hektar für den Käfer reserviert. Das ist eine **Investition in die Zukunft**. Denn den Blick in die Zukunft hat es immer gegeben im Schwarzwald. Früher als anderswo erblühte hier die Uhrenindustrie, früher als anderswo schraubte sich eine Eisenbahn durch Kehrtunnel in die Höhe.

Und so früh wie nirgends sonst wurde hier an etwas gedacht, das jetzt überall in der zivilisierten Welt Furore macht. Bereits im 19. Jahrhundert berichtete Schwarzwaldautor Wilhelm Hauff in seiner Reportage *Das kalte Herz* davon: von den nicht immer freiwilligen, jedoch stets gewinnbringenden **Organspenden**. Im 20. Jahrhundert waren die technischen Möglichkeiten schon so ausgefeilt, dass Organhandel und Transplantation wertvolle Arbeitsplätze schufen.

Der führende Transplanteur Prof. Dr. Klaus Brinkmann operierte in seiner Glottertaler Klinik zahlungsunfähige Patienten sanft zu Tode, um ihre Organe für wohlhabendere Körper zu verwenden.

In den achtziger Jahren wurde ihm in der Fernsehserie *Die Schwarz-waldklinik* ein würdiges Denkmal gesetzt. Mittlerweile ist der Schwarzwald auch noch führend in der populären **Verspargelung,** also im Errichten von Windkraftanlagen, die in keinem anderen Naturschutzgebiet so erfolgreich vorangetrieben werden konnte wie hier.

Und jetzt endlich geht es an die **Aufzucht von Borkenkäfern!** Der Hege und Pflege der possierlichen Tierchen ist die Kernzone des Nationalparks gewidmet, die sonst vor allem bei sportlichen Touristen beliebt ist, bei Baumkletterern und bei Mountainbikern, die hier mit ihrer Fahrkunst neue Downhill-Strecken schaffen. Menschen und Käfer stören einander nicht, sie leben in einem har-monischen Miteinander: die Biker am Boden des Nadelwaldes, die Käfer unter der Rinde.

«Hier wird der Große achtzähnige Fichtenborkenkäfer **in die Freiheit entlassen**», heißt es in einer Denkschrift des National-parkrates. «Hier darf er sich mit seiner Großfamilie und seinem ganzen Volk entwickeln, ohne dass der Mensch ihn einzuengen und zu lenken versucht.» Borkenkäferschutz geht alle an!

Der Nationalparkrat, ein 48-köpfiges Gremium aus Landrä-ten, Bürgermeistern und Beamten, wird von einem 113-köpfigen Beirat aus Naturschützern, Touristikern, Ökonomen und Wissen-schaftlern unterstützt, durch **Diskussionen, Thesenpapiere und Bildungskonzepte.** Die Vorschläge und Denkanstöße des Beirats gehen an die 71-köpfige Nationalparkverwaltung. Gemeinsam ist es bereits gelungen, den Borkenkäfer zum Symboltier des National-parks zu machen.

Die dunkle Seite: Nicht allein reiner Artenschutz steht hinter Schutz und Aufzucht. Hinter vorgehaltener Hand verraten Insider, wem die massenhafte Vermehrung einmal dienen soll: der Versor-gung der Schwarzwälder mit Protein. Bislang galten die Larven des

Borkenkäfers als Delikatessen, die den **Schönen und Reichen** in den Luxushotels des Südschwarzwalds vorbehalten waren.

Freilich war den gekrönten Häuptern, Stars und Prominenten nie klar, was sie da unter exotischem Namen vorgesetzt bekamen. Erst jetzt, da Grillen, Heuschrecken und Mehlwürmer zum ökologischen Trendfood avancieren, dürfen die leckeren Larven auch offiziell und unter ehrlichem Namen auf den Speisekarten erscheinen. **Alteingesessene Schwarzwäldler** essen übrigens auch die Käfer selbst, wobei Flügel und behaarte Unterschenkel vor dem Genuss entfernt werden (die Unterschenkel des *Käfers*, nicht des Genießers). Die Operette *Schwarzwaldmädel* handelt ausführlich von dieser Sitte.

Für die breite Mehrheit hingegen sind eher die weißen Larven geeignet, die doppelt so viel Protein wie Rindfleisch enthalten und reich sind an Vitaminen und **ungesättigten Fettsäuren**. «Ziel der Nationalparkverwaltung muss es sein, den Wald durch kluges Borkenkäfermanagement abschnittsweise abfressen zu lassen», erklärt der Parkbeirat. «So werden neue Siedlungsgebiete geschaffen für Menschen, die in unmittelbarer Nachbarschaft Zugang zur Nahrungsquelle haben.»

Denn so war es immer im Schwarzwald, seit das einfache Landleben in unverdorbener Umgebung erfunden wurde. Damals weideten Kühe auf der Weide nahe am Hof, jetzt weiden Käferlarven unter der Rinde gleich neben dem Wohnblock, und die Windräder drehen sich nicht nur als **eleganter Ersatz** für die verschwindenden Bäume, sondern liefern auch die Energie zum Braten und Rösten der Leckerbissen. Es ist so, wie es der Chor in *Schwarzwaldmädel* besingt: «Hier, Freunde, im friedlichen Tal, hier lasst uns ruhen und lauschen; hier hören wir von oben, vom Berge, der Windräder fröhliches Rauschen.»

LÄSTIGE MITREISENDE LOSWERDEN: In der Zeit der
Salpetersieder und Köhler war der Schwarzwald berüchtigt
für das spurlose Verschwinden von Menschen, speziell von
reichen Verwandten und missliebigen Konkurrenten. Heute,
da der Wald nicht mehr so tief und schwarz und dicht ist,
funktioniert das immer noch. Gewisse Mitreisende werden
allmählich lästig? Kein Problem. So geht's nach Schwarzwälder Art:

* **AN EINEM SONNIGEN WOCHENENDE IN TITISEE.**
  Die Seestraße wird als Promenade und Flaniermeile ausgegeben, ist in Wahrheit jedoch ein Mekka der Souvenir-
  schrotthändler. Sie preisen auch alten Zwiebelfleischkäse
  mit Bratkartoffeln an und aufgewärmte Brezeln. Da kann
  man schon mal versehentlich die Oma verlieren: «Lass
  dich mal von dem Schnellzeichner porträtieren! Wir
  holen dich wieder ab!» Der sogenannte Schnellzeichner
  arbeitet mit badischer Langsamkeit. Bevor er Omas falten-
  reichen Hals abzeichnen kann, ist sie schon von der Sonne
  ausgedörrt und vom Stuhl gekippt. Die Enkel können
  gerade noch dem Notarztwagen nachwinken. Oma wird ins
  schwarzwaldtypische *künstliche Koma* versetzt. Testament
  vorher signieren lassen!

* **IM FREILICHTMUSEUM VOGTSBAUERNHOF.** In
  Museumsdörfern soll man darüber staunen, wie eng die
  Zimmer waren, wie kurz die Betten und wie nah das Vieh
  hinter der Wand furzte. Was die müden Besucher vergessen:
  Zwischen den Räumen gibt es überraschend hohe
  Schwellen, und die Türen sind niedrig. «Oh, das ist ja toll!
  Komm schnell her, Onkel!» Onkel eilt heran, knallt mit
  dem Kopf gegen den Türstock, stolpert über die Schwelle

und schlägt hin. «Ach, Gott! Wie schade!» Die Reise kann aber ohne ihn fortgesetzt werden. Zur Beseitigung seiner Gattin eignet sich der Original Schwarzwälder Bollenhut. Die roten Bommeln gibt es nur für Jungfrauen, verheiratete Frauen tragen schwarze. Tödlich ist jedoch das Gewicht so eines Bollenhutes. Das Stroh ist mit Gips bestrichen, weshalb er bis zu zwei Kilo wiegt. «Geh mal eine halbe Stunde damit hin und her, wir filmen dich!» Nur wer den Scheitelpunkt präzise in der Vertikalen und das Kinn im Winkel von 45 Grad geneigt trägt, erleidet unter dem Gewicht keinen finalen Migräneanfall. Tante ade.

✳ MIT SCHWARZWÄLDER SCHINKEN. Das berühmteste Opfer des Schwarzwälder Schinkens bleibt Sängerin Cass Elliott von der einst berühmten Popgruppe *Mamas and Papas*. Mama Cass machte keineswegs den Fehler, ihr Brötchen mit Schwarzwälder Schinken zu *verschlingen*, wie immer wieder behauptet wird. Sie verzehrte es ganz normal und kaute und kaute und kaute. Das sehnige Geschlinge schnürte ihr schließlich die Kehle zu. Sie erstickte. Das passiert heute noch genauso häufig, nur sind die Opfer selten prominent. Der Schwarzwälder Schinken ist eben nicht nur verqualmt und versalzen, er hält den Weltrekord in Zähigkeit. «Hier, probier doch mal diese berühmte Spezialität!» – «Oh, danke!» Das waren seine letzten Worte.

LUTHERSTADT WITTENBERG

Es ist einer der berühmtesten Sprüche von Martin Luther, und nirgends hört man ihn so häufig wie in Wittenberg: «Ich weiß nicht, wohin Gott mich führt, aber wenn er diese Richtung beibehält, schlage ich vor, dass er allein weitergeht.»

Den Besuchern der Stadt kommt diese Weisheit unaufhörlich in den Sinn. Müssen sie diesen Weg partout weitergehen, mag er nun Schlossstraße heißen, Markt- oder **Collegienstraße**? Sollen sie diese kümmerlichen Häuser bewundern – Melanchthonhaus, Universitätsgebäude, Cranachhaus – nur weil darin irgendwann mal jemand gewohnt hat, dem was halbwegs Unbrauchbares eingefallen ist? Gehört es etwa zu den Pflichten, die sogenannte Schlosskirche zu betreten, deren **Wasserturm** die Häuser so hässlich überragt?

Jawohl. Ja. Es gehört zu den Pflichten. Zu den aschgrauen Pflichten eines jeden Reisenden, der sich unvorsichtigerweise in diese Stadt begibt. Denn hier wird der Mann verehrt, der die graueste aller Religionen, *evangelisch* oder *protestantisch*, zwar nicht gegründet, sich aber mitschuldig gemacht hat an ihrer Entstehung. Der Philosoph Friedrich Nietzsche beklagte später, Luther habe «in dem Moment die Kirche wiederhergestellt, als die Welt gerade im Begriff war, mit dem Christentum stillschweigend aufzuräumen».

Zu ärgerlich. Aber nun sind die Gäste Wittenbergs dazu verdammt, die Stätten des folgenschweren Fehlschlags abzuklappern. Da ist also, am westlichen Eingang der Altstadt, die **Schlosskirche**. Dass der Turm so scheußlich geworden ist, hat Kaiser Wilhelm Zwo befohlen. Die Kirche sollte möglichst abschreckend aussehen, auch innen.

Das hat geklappt. Und trotzdem stehen hier Touristen. An diese Kirchentür soll Luther einst ein Plakat genagelt haben, mit 95 oberschlauen Sätzen in Latein. Die ursprüngliche **Tür** ist schon vor Jahrhunderten in Rauch aufgegangen. Die Sätze oder *Thesen* haben überlebt. Man kann sie im Souvenirshop kaufen, auf Deutsch. In jeder Zeile steht dasselbe: Man kann sich von seinen Sünden nicht freikaufen. Das hat Luther behauptet.

Dabei klappte das wunderbar zu seiner Zeit, vor fünfhundert Jahren! Man sündigte, spendete anschließend den passenden Betrag, und fertig. Unschuld wiederhergestellt. Der Priester händigte sogar eine Garantieurkunde aus, den sogenannten *Ablassbrief*: «Dieser Mensch ist aller seiner Sünden ledig.»

Perfekt! Doch dem katholischen Mönch, Priester und Universitätsdozenten Martin Luther war das zu geradlinig. Zu einfach. Die Kirche wolle nur ein **Geschäft** machen, indem sie den Leuten Freibriefe ausstellte. Wahr daran ist, dass es einiges zu verdienen gab. Forscher wissen inzwischen: Luther hatte sich vergeblich um eine Lizenz bemüht, solche Ablassbriefe selbst zu vertreiben. Weil er nicht mitmachen durfte, protestierte er nun gegen die Praxis.

Alle waren glücklich damit gewesen. Nun nahm das Unheil seinen Lauf. Wegen lautstarken Aufbegehrens wurde der ordinierte Priester Luther gerügt. Darauf wurde er noch lauter. Bald wurde er zum **Ketzer** erklärt. Damit war er berühmt. Er hielt Reden gegen den Papst. Nun war er ein Star. Man müsse der Kirche die feierlichen Rituale und den sinnlichen Zauber austreiben, verkündete er. Leute schlossen sich an, Fürsten sogar. Und nach seinem Tod gründeten sie eine neue Kirche ohne Feierlichkeit, ohne Zauber. Eine graue Institution.

Es gibt eine Legende. Der Kurfürst von Wittenberg, Friedrich der Weise, sah Luther etwas notieren. Gerade ging der Teufel vorbei. Friedrich fragte den Teufel: «Was hat denn der Luther da eben aufgeschrieben?» – «Er hat einen Teil der Wahrheit gefunden», sagte der Teufel. – «Die Wahrheit? Das ist ja schlecht für dich!», meinte Friedrich. – «Ganz im Gegenteil», antwortete der Teufel. «Ich werde ihm helfen, die Wahrheit zu organisieren.»

Diese Teufelei, die organisierte Religion, hat in Wittenberg ihren Anfang genommen. Hier hat Luther seine ersten Predigten gehalten, und zwar in der **Stadtkirche** am Markt. Jeder muss rein. Zweierlei ist aus Luthers Zeit erhalten: das Taufbecken und der von Lucas Cranach (dem Älteren) mit Propagandabildern bemalte Altar. Die Bilder zeigen einen Jesus, der extra nach Wittenberg gekommen ist, um mit Luther und Cranach zu tafeln. Auf den Seitenflügeln tauft Luther-Fan Melanchthon unschuldige Menschen, und Assistent Bugenhagen verwaltet die wachsende Macht. Auf dem Hauptbild darunter («*Predella*») ist Luther persönlich dargestellt, als Guru, Prophet und Redenschwinger. Das war exzellente PR-Arbeit.

Interessanter aber ist das alte **Taufbecken.** Berühmt ist es wegen seines eigentümlichen Unterbaus. Es wird nicht nur von einer Säule getragen, durch die das Taufwasser abfloss. Das Fußgestell besteht aus tragenden Bögen und Ranken. Und darauf sitzen allerlei in Kupfer geformte unheimliche Tiere: Drachen, Schlangen, Salamander. Diese kriechenden, geifernden, lauernden Wesen symbolisieren das Böse. Wovon ernähren sie sich? Vom herabfließenden Taufwasser! Jede Taufe, sollte das heißen, nährt das Unheil. Das Böse ist nicht nur immer und überall, es ist ganz besonders lebendig und kraftvoll dort, wo das Gute und das Heil verkündet werden. Von solcher Verkündigung wird es gepäppelt und gemästet.

Damit diese Energiezufuhr niemals endet, ist in Wittenberg ein evangelisches **Predigerseminar** eingerichtet worden. Angehende Pastoren sollen lernen, wie man ältere Kirchgänger einschläfert und jüngere für immer aus dem Gottesdienst vertreibt. Die Absolventen des Wittenberger Seminars sind so erfolgreich, dass kürzlich sogar eine Erweiterung eingeweiht wurde.

«Ich schlage vor, dass Gott allein weitergeht»? Von wegen. Alle Touristen müssen weiter. Und zwar ins übergroße **Lutherhaus**, ein ehemaliges Kloster, das der geschasste Priester mit Ehefrau Katharina und ihren Kindern bewohnte. Später wurde es zur Universität umgewandelt, die mangels Interesse wieder stillgelegt wurde. Jetzt wartet auf die Besucher eine erschreckend ausführliche Darstellung der Reformationsgeschichte («mit zahlreichen Handschriften und Dokumenten»). Die einzige Abwechslung in den Schaukästen, Bildern, Texttafeln besteht darin, dass die hindurchgetriebenen Schulklassen ihre Kaugummis immer an andere Stellen kleben. So haben wenigstens das Wach- und Reinigungspersonal stets Grund zum Staunen und Wundern.

Knarrende Treppen, düstere Gänge, eine Menge Holz. Da ist noch die **Lutherstube**. Hier versammelten sich die Anhänger um den Guru. Was er so erzählte, schrieben einige mit, vielleicht ohne dass er es wusste. Auf diese Weise sind auch seine verblüffenden antisemitischen Ausfälle überliefert worden. Als Meister verehrt zu werden und sich im Besitz der Wahrheit zu dünken: das war und ist verführerisch.

Und weiter muss jetzt keiner mehr. Die **Cranach-Höfe** in der Schlossstraße – geschenkt. Besonders «Lucas Cranach und seine Zeit» ist nur für heftige Regentage geeignet. Cranachs Vater war Hofkünstler und malte den Kurfürsten und wer immer es sonst noch bezahlen konnte. Überdies betrieb er eine Druckerei, um an Luthers Bibelübersetzung zu verdienen. Und eine Apotheke, um jederzeit an Drogen zu gelangen. Cranachs Sohn (der jüngste) übernahm das alles und machte mit etwas weniger Erfolg weiter.

Nun nur noch zum Eiscafé. Auf dem Weg kann das **Rathaus**

am Marktplatz als «Renaissance» abgenickt werden. Die beiden Denkmale davor werden für Selfies genutzt, wobei die Figuren leider auf hohem Sockel stehen. Für fettleibige Besucher eignet sich der dicke, doppelkinnige Luther. Für Feingeister steht daneben der Philosoph Melanchthon, der vor dem wachsenden Machtanspruch Luthers mit schmalem Lächeln resigniert.

Das Eiscafé im **Schlosspavillon** ist für fast alle Reisenden Trost und Heilstätte. Hier gibt es nicht nur die klassischen Sorten, sondern auch Gurkeneis, Paprikaeis, Frischkäse- und Chilieis. Und an besonders heißen Tagen auch Lutherbiereis. Etliche Wittenberg-Besucher sehen sich den ganzen Reformationskram gar nicht erst an. Sie verdrücken sich von ihrer Gruppe und kehren gleich hier ein. Sie genießen seelenruhig den Tag, bis die Kollegen Bildungsreisenden Stunden später auf die Stühle plumpsen – mit schmerzenden Füßen, geheuchelter Begeisterung und dem lautlosen Stoßseufzer: Nie wieder. Gott soll allein weiterbesichtigen.

DIE BELIEBTESTEN SOUVENIRS: Luther-Brot, Luther-Lebkuchen und Luther-Sanddornlikör, Martins Tröpfchen Beerenlikör, Katharinas Kaffeekränzchen Likör. Socken mit dem Aufdruck «Hier stehe ich, ich kann nicht anders».

DIE UNBELIEBTESTEN SOUVENIRS: Das Neue Testament in Luthers Übersetzung; 95 Thesen auf Japanpapier gedruckt.

DIE BESTE MÜLLENTSORGUNG: Vor der **Luthereiche** am südlichen Ende der Lutherstraße. An dieser Stelle, wenn auch unter einer anderen Eiche, verbrannte Luther einst die Mitteilung des Papstes, dass er aus der Kirche ausgeschlossen sei. Heute tun es ihm viele Gäste nach – mit Steuerbescheiden, Stadtprospekten, Mitgliedsausweisen.

DIE LAUTESTE PROZESSION: Was den Katholiken ihre Marienprozessionen, ist den Protestanten der Umzug zur Feier von *Luthers Hochzeit*. Einmal im Jahr wird sie nachgespielt, am zweiten Wochenende im Juni. Einem endlosen Umzug kostümierter Gestalten folgt das Besäufnis auf dem Marktplatz. Wegen der wachsenden Teilnehmerzahlen bittet die Stadtverwaltung um das Mitführen eigener Dixie-Klos.

DAS HEFTIGSTE WETTER: Weltliche Experten erklären es mit der Speicherung von Wärme in sandigen Sedimentschichten, dass Wittenberg immer wieder von Wirbelstürmen heimgesucht wird. Orkan Kyrill legte 2007 ein Wohngebiet flach. Frommere Experten verweisen darauf, dass Gott sündige Städte früher mit Feuer oder Wasser vernichtete. Und dass er vielleicht mit Windhosen, Zyklonen, Tornados einfach noch mehr Erfahrung sammeln muss. Irgendwann klappt's.

DER BODENSEE UND SEINE PFAHLBAUTEN

Es stimmt nicht, was Schüler in der Bodenseeregion jüngst bei einer Umfrage antworteten. Mehr als zwei Drittel von ihnen behaupteten, die berüchtigten Pfahlbauten zwischen Meersburg und Überlingen seien einzig erbaut worden, um Grundschulklassen zu foltern.

Das trifft keineswegs oder nur teilweise zu. Gewiss ist die Besichtigung **dürftiger Hütten mit kümmerlichem Inventar** das Gegenteil von vergnüglich. Doch der Tatbestand der Folter ist nach gültiger Rechtsauffassung nur dann erfüllt, wenn anschließend (oder vorher) ein Referat oder Aufsatz über die Besichtigung verfasst werden muss. Kommt das etwa in Baden oder Württemberg vor? Das wäre schade.

Auch ausländische Touristen irren, wenn sie das Stelzendörfchen entdecken. Skandinavische Besucher zum Beispiel freuen sich beim ersten Anblick, jedoch nur von weitem; sie halten die Hütten für **Saunahäuschen**. Nach zehn Euro Eintritt folgt die Enttäuschung. Noch tiefer verwirrt reagieren asiatische Pauschalreisende. Sie glauben, bei dem Pfahldorf handele es sich um ihr Hotel. Viele können nur mit Mühe daran gehindert werden, ihre Koffer auszupacken.

Und sie haben nicht mal so unrecht. Die reetgedeckten Blockhütten im **mückenreichen Uferwasser** dienten marokkanischen Besatzungssoldaten nach dem Zweiten Weltkrieg als Unterkunft. Sie fanden die Einrichtung luxuriös nach allem, was sie in französischen Garnisonen erlebt hatten. Und das, obgleich es hier zwar eine natürliche **Wasserspülung** gab, aber keinen Knopf, um sie in Betrieb zu setzen. Es war der See selbst, der das davontragen musste, was von den Stegen oder aus Bodenklappen in ihn abgeleichtert wurde.

Damit befanden sich die Marokkaner auf der Höhe des Fortschritts jener steinzeitlichen Bewohner, die einst in Sümpfen und flachen Ufergewässern solche Dörfer errichteten. Die Pfahlbauten in Uhldingen sind keine echten alten Häuser, es sind Nachbauten, doch sie geben einen annähernden Eindruck davon, wie schön das Leben war, als der Tisch noch reich gedeckt war mit **Grasfröschen und Wasserratten**. Vegan lebten diese Vorfahren leider nicht.

Der Blick in ihre kargen Innenräume macht verständlich, warum der meistgeliebte Zeitvertreib der Bewohner der Inzest war. Zugleich lässt sich ahnen, wie unbequem die Ausübung gewesen sein muss. Immerhin taten sie alles im **Einklang mit der Natur**. Als Heizung diente ihnen im Winter der eigene Warmluftausstoß nach dem Genuss von Bohnen, Erbsen und Linsen.

Allerdings belegen die Ausstellungsstücke – einige wurden unversehrt aus dem Schlamm gezogen –, dass die Menschen sich damals von der Harmonie mit dem Kosmos zu entfernen begannen. Sie fingen an, Töpfe und Werkzeuge zu benutzen. Noch schlimmer: Vor viertausend Jahren arbeiteten sie bereits an etwas, das den viel echteren Ureinwohnern in Nordamerika bis zur Ankunft von Kolumbus erspart blieb: am Rad. Sie entwickelten ein **Scheibenrad** mit Nabe, das sich mittels Achse sogar zum Bau von Wagen verwenden ließ.

Das mag für uns Ursprünglichkeitsfreunde bedauerlich sein, umkehrbar ist es nicht mehr. Vielmehr wird in Kursen für Grundschüler im Pfahlbaumuseum die Mitarbeit an einem Steinzeitwagen angeboten, ebenso das Kochen von **Getreidebrei** (wenn Großeltern mitkommen, müssen sie probieren) oder das Herumhacken auf einem Einbaum, auf Wunsch alles in Steinzeitkleidung.

Damals begann die Entfremdung des Menschen. War es *das*, was den berühmtesten Flüchtling jener Zeit aus dem Dorf trieb? Wollte er zurück zum Einklang mit der Natur? War er **der erste Grüne**? Oder war er ein Verräter, der die Technik der Rad-Herstellung in die Welt posaunen wollte?

Sicher ist nur, dass man ihm nachsetzte und dass er erwischt wurde. Seine Flucht führte ihn gerade noch bis ins Ötztal und damit beinahe schon auf die andere Seite der Alpen! Da traf ihn der tödliche Pfeil. Nach dem Fundort seiner **gefriergetrockneten** Leiche wurde er in unserer Zeit *Ötzi* getauft.

Wahrscheinlich, mutmaßen Wissenschaftler, wollte er einfach nur weg aus dem Pfahldorf, um anderen Menschen zu erzählen, wie scheußlich es dort war. Das wurde verhindert. Die Kunde hat sich dennoch verbreitet. Heute wissen wir, wie gruselig die Leute damals lebten. Wer Pech hat, muss es sich in dem Freilichtmuseum ansehen. Es ist das älteste in Deutschland und hat vor fast hundert Jahren den unheilvollen Trend begehbarer **Bruchbuden** begründet. Wer richtig Pech hat, muss vor oder nach der Besichtigung einen Aufsatz darüber schreiben. Und das ist nun wirklich Folter.

DIE WIES UND DER PFAFFENWINKEL

Eine Million Touristen besuchen jedes Jahr die *Wallfahrtskirche zum Gegeißelten Heiland auf der Wies*, auch kurz *Wieskirche* oder nur *Wies* genannt. Die meisten sind ernüchtert. Beim Eintreten halten sie den Innenraum zuerst für die Vorhalle. Doch dann kommen sie nicht weiter. Ja, das ist es schon. Dieses Oval mit den gemalten Wolken und vielen goldenen Schnörkeln und Ranken und Medaillons, das ist das Gotteshaus. Früheren Kirchgängern, den Bauern der Gegend, reichte das. Den heutigen nicht. «Wer einmal in der **Allianz-Arena** war», hinterließ ein Besucher im Gästebuch, «der kann hier nur mitfühlend lächeln.» Ein anderer empfiehlt: «O2-World!»

Das ist pures Banausentum. Die *Wies* ist in die Liste des Weltkulturerbes aufgenommen worden, weniger wegen der bunten Bilder oder des massiven Einsatzes von Gips, sondern vielmehr weil hier eines der berühmtesten **Heiligtümer des Sadomasochismus** zu sehen ist, der *Gegeißelte Christus*. Die Statue hat viele und berühmte Bewunderer. Der berüchtigte Autor Leopold von Sacher-Masoch, ein Vorbote der *Fifty Shades of Grey*, kam immer wieder hierher und rief auch seine Anhänger auf, dieses Inbild von Fesselung, Schlägen, Gertenhieben zu bewundern. Sie bewunderten es und bewundern es bis heute.

Die ganze Landschaft um die Wies, der sogenannte **Pfaffenwinkel** zwischen Alpen und Ammersee, verfügt über eine magische Anziehungskraft auf Freunde schmerzensreicher Liebe. Touristen mit dieser Neigung sind am verklärten Lächeln zu erkennen. Begonnen hat diese Tradition mit der Gründung des Klosters **Wessobrunn**. Es liegt vierzig Kilometer nördlich der *Wies*. Der Legende zufolge lag der bairische Herzog Tassilo III. mit seinem liebsten Jagdgefährten in einer warmen Nacht im Walde. Beide schlummerten ein. Im Traum sah der Herzog eine Quelle emporschießen. Steil führte eine Leiter von ihr in den Himmel. Nackte Engelsknaben (*Putten*) stiegen daran auf und nieder. Ganz oben stand ein Mann und sang einen Schlager (damals sprach man von *Hymne*). Es soll Petrus gewesen sein.

Am folgenden Morgen machten sich Tassilo und sein Freund auf die Suche und fanden tatsächlich eine Quelle ganz in der Nähe. Tassilo erklärte den Traum zum himmlischen Zeichen. Genau an diesem Platz müsse ein Bauwerk errichtet werden, das dem liebenden **Zusammenleben junger Männer** geweiht sein solle, ein Kloster. Bald waren acht solcher Konvente entstanden, fünf für Männer, drei für Frauen mit gleicher Neigung. An erster Stelle Wessobrunn, dann die prächtigen Bauten von Benediktbeuern, Schlehdorf, Seiferstetten und Sandau; sie waren den Männern vorbehalten. Den Frauen blieben die nicht ganz so prächtigen Unterkünfte in Polling, Staffelsee und Kochel. Später kamen Ettal, Steingaden, Rottenbuch hinzu.

Wegen dieser Fülle seliger Gemeinschaften, in denen die Sünden täglich gleich wieder vergeben wurden, nannte der Weilheimer Dekan Franz Gailer die Landschaft *Pfaffenwinkel*. Das war um 1750. «Es gibt keine Stunde zu Tag oder Nacht, in der hier nicht ein paar Glocken geläutet werden.» Die Klöster baten **junge Bauernsöhne der Gegend**, für sie tätig zu werden, auch als Handwerker, Stukkateure und Kunstmaler. Priester und Laienbrüder lehrten die Jünglinge, wie man sich für eine Beziehung zum Himmel begeistert, während man mit beiden Beinen auf der Erde steht.

Der Reisende merkt es den Bewohnern des Pfaffenwinkels an: Sie würden diese Haltung gern heute noch einnehmen. Doch sie leiden unter einem Trauma. Und zwar unter den Schmerzen der *Säkularisation*. Dieses lasterhafte Wort (wörtlich *Verweltlichung*) bezeichnet die **Auflösung der Klöster** und des Kirchenbesitzes in der Besatzungszeit. Nicht in der Besatzungszeit nach dem Zweiten Weltkrieg, sondern unter Napoleon.

Dieser Einschnitt liegt mehr als zweihundert Jahre zurück. Der Geißelheiland soll damals nicht mehr nur **Kondenswasser**, sondern echte Tränen geweint haben. Und in dieser von Fürbitten getränkten Landschaft wirkt der Schock bis heute. Wohl nur hier erkennen die Krankenkassen «posttraumatische Belastungsstörungen infolge der Säkularisation» als Grund für Fehltage und Therapiestunden an. Und nur hier dürfen Schüler «Leiden an der Säkularisation» als Entschuldigung für das Fernbleiben vom Unterricht anführen.

Reisende werden von dem Kummer angesteckt. Vermutlich auch, weil das Wetter hier nicht sehr erfreulich ist. Seit der Säkularisation herrscht in dieser Gegend **sieben Monate lang Winter**. Die Fülle der Wallfahrten, Tränenfeste, Kirchweihen, Ave-Maria-Gesänge und Umzüge frommer Bruderschaften lässt jedoch erkennen, dass nach Kräften gesühnt wird. Toleranten Touristen sei die Imitation der Himmelfahrt in der Wallfahrtskirche auf dem Hohenpeißenberg empfohlen: Eine Jesus-Statue wird an einem Drahtseil aus dem Kirchenschiff ins Gewölbe hochgezogen und verschwindet dort in einem Loch.

Auch schön: das **Frühlingsreiten auf den Auerberg**, das allerdings wegen Eisglätte oder dichten Schneetreibens häufig ausfallen muss. Eigentlich gibt es ja keinen Frühling im Pfaffenwinkel. Doch ein Versuch findet jedes Jahr am Georgitag statt (23. April). Gefeiert wird dabei der Sieg des *heiligen Georg* über einen Drachen.

Dem Drachen musste jedes Jahr eine Jungfrau ausgeliefert werden. Georg machte diesem althergebrachten Brauch ein Ende.

Regionalen Forschern zufolge stand der Drache symbolisch für jeden wilden Herrscher, der das *Ius Primae Noctis* ausübte – jenes altertümliche Recht des Fürsten, bei einer Heirat seiner Untertanen selbst **die erste Nacht mit der Braut** zu verbringen. Dass Georg diese gelebte Tradition abschaffte, das feiern die Georgireiter. Es sind Männer. Die Frauen finden es keineswegs alle so begrüßenswert, dass ihnen seither der Fürst vorenthalten bleibt. Ausgerechnet im Pfaffenwinkel, ermittelten Genderforscher, träumen junge Frauen von ersten Nächten mit wilden Edelmännern.

Daraus wird vorläufig nichts. Jedenfalls nicht offiziell. Stattdessen sind **Danksagungen** wie die folgenden zu lesen: «Danke, dass meine Eltern nichts raffen» und «Danke, dass mein Mann so oft auf Reisen ist» oder «Danke für die Nächte im Hotel». Zettel und Bildchen mit solch verräterischen Zeilen hängen in der Wieskirche, und zwar im dämmerigen Gang hinter dem Altar, nicht einsehbar für die hölzernen Evangelisten und Kirchenväter im Hauptraum.

Hinterm Allerheiligsten ist Platz für zahllose nicht ganz so heilige **Votivtafeln**, geschrieben, gemalt, gestickt oder geschnitzt, oft geschmückt mit Kerzen, Teddys, Trockenblumen. «Danke, dass mein Lehrer den Spickzettel nicht entdeckt hat!», ist in Kindergekrakel zu lesen. Eher erwachsen in weiblicher Schrift die Bitte: «Mach, dass meine Schwiegermutter endgültig einschläft», und munter geschwungen: «Bitte sorge dafür, dass mein Verlobter weiterhin nichts mitkriegt!» Echt männlich hingegen: «Danke für das Geld, das ich im Opferstock finden durfte!»

Bereits der Reiseschriftsteller *Heinrich Noe*, der den Pfaffenwinkel nachsichtig beschrieben hat, fand diese Dankgaben das Interessanteste, was Winkel und Pfaffen zu bieten haben. «Es sind einzig solche Spuren der Menschen, die dem Gotteshaus Anmut verleihen.» Über all die Heiligen und Engel (es sind exakt 342 in der Wies) möge der Besucher gnädig hinwegsehen.

BESTE BESUCHSZEITEN: Ostern, Pfingsten, Weihnachten, Fest der Tränen Christi, Schutzengelfest, Fest der Bruderschaft zum gegeißelten Heiland. Denn der Schrecken hat viele Namen.

BESTE MÖGLICHKEIT ZUR BESTRAFUNG UNARTIGER KINDER: Ausgiebige Kirchenbesichtigung. Spielplätze gibt es in der Nähe nicht.

SCHÖNSTE SOUVENIRS: Bierkrüge, Kerzen, Anstecker mit Wieskirchen-Motiv. Blaue Flecken von der Besichtigung. *Pfaffenwinkel-Tagescreme* für die reife Haut.

DER KÖNIGSSEE

Der grünblaue See zwischen den steilen Berghängen gehört zu Bayerns meistbesuchten Attraktionen. Und nur auf die hohe Zahl der Besucher (eine halbe Million zwischen April und Oktober), kann es zurückzuführen sein, dass es hier so viele **Kreislaufzusammenbrüche, Infarkte und Todesfälle** gibt.

Der See strahlt keine «Todesenergien» aus, wie selbsternannte *Geomanten* behaupten. Es liegt einfach daran, dass vorwiegend ältere Menschen hierher kommen. Sie sind auf der Suche nach den beschaulichen Bildern, die sie von Kalendern und Postkarten kennen. Nun, im ruppigen Gedränge zwischen den Souvenirständen und beim **stundenlangen Warten am Bootsanleger** geben Geist und Körper auf. Jüngere Touristen in der Warteschlange helfen übrigens gern, wenn ein Senior vor ihnen zusammenklappt und weggeschleift werden muss; sie rücken dann einen Platz weiter vor.

Und auch das Klima ist wohl für die Ausfälle verantwortlich. Die plötzlichen **Umschwünge und Wetterstürze** wirken destabilisierend auf Urlauber mit Rentnerausweis. Und schließlich lässt sich wohl nicht leugnen, dass die zahlreichen Geschichten von unglücklichen Todesfällen in der Gegend mürbe Erholungssuchende entmutigen können.

Am Anfang dieser Kette steht eine Schiffskatastrophe von 1688. Damals versank mitten im August ein Schiff mit hundert Wallfahrern. Sie wollten nach **Sankt Bartholomä** und in die *Schweinshaxen-Kapelle* (so benannt wegen des bratenhaften Aussehens), um dem heiligen Christophorus zu danken, für Schutz und Geleit während der Reise. Dreißig Wallfahrer konnten den Dank tatsächlich noch abstatten. Die siebzig anderen ertranken beim Sinken des überladenen Schiffs. Die Spitzen ihrer Pilgerstäbe ragten noch eine Weile aus dem Wasser. Von einem **heidnischen Ungeheuer** am Seegrund seien sie hinabgezogen worden, hieß es damals.

Das ist natürlich Unfug. Doch seither reißen die Berichte über **sonderbare Todesfälle** nicht ab. Von den Pfaden des *Schicksalsberges* Watzmann, der den See überschattet, stürzen jedes Jahr zahllose Wanderer, oft unter dem Blick ihrer Angehörigen, manchmal auch mit deren Hilfe. Das ist längst akzeptiert. Und dass der gegenüberliegende Berg namens **Totes Weibl** dazu sonnig zu lächeln scheint, gehört zur geliebten Tradition.

Es war der Heimatschriftsteller *Ludwig Ganghofer*, der die Haltung zu derartigen finalen Abstürzen am seelenvollsten formulierte. Nachdem er von einer Wanderung oberhalb des Königssees allein zurückgekehrt war, also **ohne seine Patentante**, die er hinaufgeführt hatte, erklärte er: «Wen Gott lieb hat, den lässt er fallen in dieses Land.»

Oder auch in den See. Und wen der Himmelvater noch inniger liebt, der erbt womöglich. In einer Tiefe von hundertdreißig Metern ruht ein **Käfer** auf dem Grund, einer aus Stahl, ein Volkswagen der Baureihe von 1953, der beliebte Oldtimer mit dem ungeteilten ovalen Heckfenster, ein *Ovali*. Der Königssee-Ovali brach im Januar 1964 durch die sonst zuverlässige Eisdecke des Sees und versank mit dem Fahrer, dessen Körper bis heute unversehrt erhalten ist, denn in der eisigen Tiefe setzt keine Verwesung ein. Damals fror der See noch häufiger so fest zu, dass er zur Überquerung von Schönau nach St. Bartholomä freigegeben wurde. Warum der Wagen dennoch einbrach, scheint inzwischen geklärt. Der VW produzierte wesentlich **mehr Abgase** als vom Hersteller angegeben. Weil der Fahrer auf der

Rückfahrt von Bartholomä dieselbe Spur benutzte, die mittlerweile wegen des Überschusses an Abwärme angetaut war, brach der Wagen ein.

Es war ein früher Abgasskandal. Es gibt keine rätselhaften Todesenergien am See, wenngleich inzwischen über hundert Tote auf seinem Grund liegen. Jeder Fall lässt sich erklären – oder ließe sich erklären, wenn eine Befragung noch möglich wäre. Nicht jeder, der **aus der Schönauer Bobbahn katapultiert** wird, hat die Kurven unterschätzt, im Gegenteil. Und nicht jeder, der an der Archenwand oder am Röthbach-Wasserfall abstürzt, hat versehentlich den Fuß falsch gesetzt.

Die Gegend rund um den Königssee ist beliebt bei Wanderern, die das verschärfte Sterbehilfegesetz umgehen möchten. Und, ja, hier walten dunkle Energien. Die vollbesetzten Boote gleiten nur deshalb so lautlos übers Wasser, weil der Prinzregent Luitpold sich 1909 von der Königsseeschifffahrt nicht am **Töten von Tieren** hindern lassen wollte. Die Jagd am Ufer sollte ungestört von Motorengeräuschen bleiben. Mit Umweltbewusstsein hatte die Einführung von Elektromotoren nichts zu tun.

Heute wird allerdings Wert auf die Feststellung gelegt, dass die Akkus **nicht durch deutschen Atomstrom** gespeist werden. Es handelt sich ausschließlich um Strom aus tschechischen Kernkraftwerken. All das ist vielen Reisenden nicht ganz geheuer. Bedrückt sitzen sie in den eng bepackten Booten. Und sie greifen vorsichtshalber tief in die Tasche, wenn der unvermeidliche Trompeter ein paar schiefe Töne zur senkrechten **Echowand** geschickt hat.

Zwar haben sie für die Fahrt schon teuer genug bezahlt. Aber Applaus allein reicht nicht für die klägliche Vorstellung. Nicht mitten auf dem Wasser. Trinkgeld muss sein. Die Schiffsbesatzung soll zwar offiziell die Fahrgäste nicht zum Zahlen *nötigen*, sie soll auch nicht einzelne Passagiere festhalten, bis die fünf oder zehn Euro herausgerückt haben, und sie soll auch niemanden über Bord werfen. Aber man ist da nicht so sicher – nach allem, was man weiß vom Königssee.

BELIEBTE SOUVENIRS: Trachtenmode, Modell des VW Käfers «Ovali» (Baureihe 1953–1957), Schokolade-Goldbarren «Obersalzberg».

BREMEN

Wer die Stadt nie besucht hat und auch keine Sehnsucht danach verspürt, kennt wenigstens ihre vier berühmtesten Repräsentanten. Vier, die ebenfalls keine Lust hatten, an die Weser zu reisen und denen der Besuch tatsächlich erspart blieb: die sogenannten *Bremer Stadtmusikanten*.

Ein kleines **Bronzedenkmal** für sie steht am Rathaus. Die meisten Touristen übersehen es zunächst, weil es so mickrig ausgefallen ist. Bei seiner Errichtung 1953 nahm man es den Musikanten immer noch übel, dass sie das eigentliche Ziel ihrer Wanderung vermieden («etwas Besseres als Bremen findest du überall») und sich lieber unterwegs niedergelassen hatten.

Im Märchen der Brüder Grimm bestehen die Musikanten aus einem alten Esel, der gerade noch ein *I-Aah* herauswürgen kann, einem zahnlosen Hund, der ein Röcheln zustandebringt, einer kläglich maunzenden Katze und einem abgängig krächzenden Hahn. Die altersschwachen Tiere tun sich zusammen. Sie halten ihre rasselnden Geräusche für ausreichend, um in Bremen zu Stadtmusikanten ernannt zu werden.

Zu ihrer Zeit hatten sie damit recht – und vermutlich hätten sie es noch heute. Bremen sei **die unmusikalischste Stadt** in deutschen Ländern, seufzte Stargeiger *Niccolò Paganini* auf seiner Tour 1829. Die vier hätten Karriere machen können. Trotzdem bezogen sie lieber unterwegs eine Villa im Grünen, weit vor den Toren der Stadt. *Wilhelm Grimm*, der die Geschichte aufschrieb, ahnte, weshalb: «wegen der bösen Behandlung der Alten in der Stadt». So schrieb er es 1831 seinem Bruder Jacob.

Zu jener Zeit war gerade der Skandal um eine Altenpflegerin namens *Gesche Gottfried* aufgeflogen, die ihre Anvertrauten mittels **arsenhaltiger Biobutter** eingeschläfert hatte. Die Bremer, dankbar für die Entsorgung der Alten, nannten Gesche *Engel von Bremen*. Geköpft werden musste sie von Rechts wegen trotzdem. Zu ihrer Hinrichtung im **Domshof** versammelten sich 35 000 Zuschauer, so viel wie heute zu einer Niederlage des ortsansässigen Fußballvereins.

Wo das Schafott stand – etwa zwanzig Meter vor dem Nordportal des Doms –, erinnert heute ein eingepflasterter grauer Basaltstein an den Todesengel. Wer auf dem **eingekerbten Kreuz** verweilt, mit beiden Füßen und für wenigstens sieben Sekunden, beschleunigt im Sinne Gesches – so der Glaube – das überfällige Ableben lästiger Verwandter. Gewöhnlich ist die Warteschlange hier recht lang.

Noch größerer Andrang herrscht jedoch bei der Skulptur der Stadtmusikanten. Auch hier besteht ein **magischer Zauber**. Er gründet sich darauf, dass die vier Tiere niemals in Bremen ankamen. Wer also die Vorderbeine des Esels oder seine Schnauze reibt, verhindert damit, dass eselige Verwandte zu Besuch kommen (Vorderbeine) oder auch nur anrufen (Schnauze).

Vor allem in den Wochen vor Weihnachten ist das Interesse übergroß. Wer ganz sicher gehen will, reibt zunächst hier und stellt sich anschließend auf den Gesche-Stein. Verwandte adieu! Das faszinierende Phänomen wurde von der Unesco auf die *Liste des dringend erhaltungsbedürftigen immateriellen Kulturerbes* aufgenommen.

Doch die kleine Altstadt rund um Dom und Rathaus bietet auch noch ein bisschen materielles Erbe: Klinkerfassaden, Backsteingiebel und Backsteingauben. Häuser, die Kaufleute mal schön fanden und in deren Erdgeschoss man jetzt Burger essen kann. Das angeblich sehenswerte **Rathaus** ist gewöhnlich geschlossen, zumindest zu den angegebenen Öffnungszeiten. Man soll einfach die Fassade anstaunen.

Der überlebensgroße Roland davor ist das althergebrachte Zeichen für die **Lustfeindlichkeit** einer Stadt. Die ursprüngliche Skulptur aus Holz wurde eines Nachts von freiheitsliebenden Bürgern verbrannt. Darauf wurde an ihrer Stelle eine harte Sandsteinstatue errichtet. Dieser in Plumpheit erstarrte Roland trägt einen Keuschheitsgürtel, dessen Gürtelschnalle eine Jungfrau ziert – Symbol **knöcherner Sparsamkeit** und ewiger Entsagung.

An diesem grauen Standbild beginnen die Stadtführungen, und so ähnlich sind sie dann auch. Der Roland überwacht einen kleinen **Marktplatz**, auf dem im Sommer Musiker – bevorzugt vom Balkan – dem Publikum mit reichlich Getöse zu vermitteln versuchen, wie sich die Stadtmusikanten angehört hätten.

Im nahen Dom hört man sie noch durch die geschlossene Tür. Dieses Gotteshaus ist vor ein paar Jahren als **das düsterste** in Deutschland preisgekrönt worden. Besonderes Augenmerk der Preisrichter galt dabei der bedrückenden Aura. Höchstes Ziel der beklemmenden Bauweise war es, Kirchgänger einzuschüchtern und zu Ablasszahlungen zu nötigen. Heutige Besucher werden lediglich von einem **natürlichen Fluchtimpuls** ergriffen.

Sie verlassen das Gemäuer eilig, oft ohne sein einziges Kunstwerk zu würdigen – eine aus Sandstein gemeißelte Maus –, und so rasch, dass sich immer wieder ein paar in der Dunkelheit verirren. Dann geraten sie auf eine Treppe, die ins Helle zu führen scheint, in Wahrheit jedoch auf den **Turm** führt. 260 Stufen höher gibt es gar nichts, lediglich eine Plattform, die keine Aussicht gewährt. Nachdem sich immer mehr Gäste von hier abwärts stürzten und den Domplatz beschmutzten, wurde ein Drahtgitter um den Sprungturm gezogen.

Es ist so engmaschig, dass nur noch das graue Gitter selbst zu sehen ist. Oder sollte das etwa die Stadt sein?

Nein. In der gibt es auch Farbe. Und zwar in Form von Souvenirs, die hier genauso bunt sind wie überall und auch genauso originell, nur dass statt *Venedig* oder *New York* der Schriftzug *Bremen* auf den Bechern, Teddybären und T-Shirts prangt. Man findet reichlich Geschenkartikelläden im **Schnoor**, einer **Nippeshölle** aus zweieinhalb mittelalterlichen Gassen mit sogenannten «urigen» Lokalen und «schnuckeligen» Häuschen. Das Viertel wurde schon 1987 ins Verzeichnis der *World's Biggest Tourist Traps* aufgenommen, wenn auch auf einem der hinteren Plätze.

Ähnliches gilt für die **Böttcherstraße**, deren backsteinerne Enge jedoch nicht aus dem Mittelalter stammt, sondern dem Mittelalter nachgebaut wurde. Vor hundert Jahren wollte ein Unternehmer der Stadt einen Hauch Romantik spenden, nach lokaler Patriziertradition mit Stufengiebeln, Backsteinbögen, Butzenscheiben. Der Finanzier war ein früher Prophet des **Trends zum Regionalen**, der damals noch *Blut und Boden* hieß. In diesem Sinne ließ er ein Museum einrichten für die regionale Malerdiva *Paula Modersohn-Becker* und ihre plumpsäckigen Bilder.

Die Böttcherstraße ist kurz. Die gesamte Stadt ist kurz und schnell durchschritten. Immer wieder irren **verdutzte Besucher** durch die Gassen, die einen ganzen Tag gebucht haben und nach anderthalb Stunden schon ans Ende gelangt sind. Wenn sie dann ins ehemals junge Steintorviertel abdriften oder sich hoffnungsvoll **verfrüht zum Bahnhof** begeben, erkennen sie an den abgerissenen Gestalten jenseits der Tourimeile, dass Bremen sich mal als *Soziallabor* verstand und nun zu einem einzigen sozialen Brennpunkt geworden ist. Danke, dass Sie ein wenig Geld dagelassen haben.

SCHÖNSTES ABENTEUER: Mit der Straßenbahn durch die Fußgängerzone.

GRÖSSTE HERAUSFORDERUNG: Mit Kinderwagen durch den Schnoor.

BELIEBTESTE SOUVENIRS: Toupets, Bruchbänder, rollende Gehhilfen.

UNZUFRIEDENSTE BESUCHER: Teilnehmer der *Dankeschön-Reise für Spiegel-Leser.*

NATIONALGETRÄNK: Eine Tasse Kaffee Hag mit einer Flasche Korn.

STADTFEIERTAG: 30. Oktober (Weltspartag).

DER HARZ

Viele Harzbesucher beklagen, die Wanderwege seien überlaufen. Das ist nicht ganz richtig. Es trifft nur bei schönem Wetter zu. Und auch nur bei Sonne übertönt das Dröhnen der **Motorräder** von den kurvenreichen Straßen die Waldesstille. Wenn es hingegen anhaltend regnet, und auch bei Schneefall, Hagel und Gewitter, finden Wanderer hier immer noch ein paar Pfade, auf denen sie allein und ungestört voranschreiten können.

Nicht einmal «Ranger» tauchen dann auf, um Bußgelder zu verhängen und Platzverbote auszusprechen und renitente Wanderer wegen Ordnungswidrigkeiten zur Rechenschaft zu ziehen. Seit der Harz zum Nationalpark ausgerufen wurde, gibt es eine Menge **Vorschriften**, und sie sind klar und unmissverständlich: Wanderer dürfen niemals vom Hauptweg abweichen. Sie dürfen sich allenfalls an den Rand hocken oder stellen, aber dann bitte mit dem Gesicht zu den Bäumen. Wanderer dürfen nicht rauchen, es sei denn in den markierten Zonen, die sich allerdings nicht im Wald befinden, sondern auf den Bahnhöfen der kleinen Ortschaften. Wanderer dürfen keine Pilze sammeln. Sie dürfen keine Beeren pflücken. Sie dürfen keine Steine auflesen. Sie dürfen keine Blätter mitnehmen, auch wenn der Baum sie scheinbar freiwillig abgeworfen hat; vielleicht möchte er sie später wieder einsammeln.

Diese Regeln und Verbote dienen dem Schutz von Flora und Fauna. Sie nutzen vor allem dem kleinsten Tier, das den Harz seit geraumer Zeit fröhlich besiedelt und das sich diese Landschaft mit etwas Glück ganz zu eigen macht. Das ist die **Zecke**. Lange miss-achtet oder sogar gefürchtet, gilt sie heute als das wichtigste und schützenswerteste Tier im Nationalpark. Sie ist unverzichtbar als evolutionärer Helfer noch kleinerer Tiere, sozusagen als Transport-mittel.

«Ohne die Zecke würden winzige Organismen wie Ehrlichien, Babesien oder Borrelien niemals reisen können, etwa vom Igel zur Maus oder vom Eichhörnchen zu uns», erklärt Wanderführer Hol-ger Bierwirth. «Zecken stellen sich in selbstloser Dienerschaft zur Verfügung: als Verkehrsmittel für all die **Kleinstlebewesen**, die sich kein eigenes Fahrzeug leisten können oder wollen. Gerade die Win-zigsten der Winzlinge reisen im Speichel der Zecke. Und wir sollten sie willkommen heißen, die kleinen Migranten! Wir sollten ihre nichtsesshafte Lebensweise unterstützen. Mögen die Zecken in Frieden bei uns landen, damit ihre Passagiere ohne Hektik ausstei-gen und zu uns umsteigen können. Die Welt lebt vom Austausch!»

Und das klappt im steigenden Maße. Während vor zehn Jahren lediglich knapp dreißig Prozent der Harzwanderer eine Zecke mit nach Hause brachten, oft zunächst unbemerkt, waren es im ab-gelaufenen Jahr bereits über siebzig Prozent. «Wichtig ist es, der Harzer Zecke nichts anzutun, so können wir der Natur etwas zurückgeben», mahnt der gelernte Umwelttechniker. «Mag sie ruhig ein bisschen saugen! Sie wird sich schon von selbst fallen las-sen, wenn sie satt ist.»

Um das Leben der Zecken zu unterstützen und die Vermeh-rung ihrer kleinen Mitreisenden zu fördern, werden besonders die Wege durchs **Bodetal** empfohlen, aber auch der sogenannte *Liebesbankweg*, der *Goethe-Weg*, der Weg *von Thale zur Rosstrappe*, der *Heinrich-Heine-Wanderweg* von *Ilsenburg* zum *Brocken* und der sogenannte *Hexen-Stieg*. «Hier werden Sie mit hundertprozentiger Sicherheit einer oder wahrscheinlich mehreren Zecken zu einer gesunden Blutmahlzeit verhelfen», erklärt Bierwirth. «So unterstützen Sie die Natur am nachhaltigsten. Danke!»

Was der Ökologe verschweigt: Auf den Brocken könnte man ebenso gut mit der Bahn fahren. Und auf den Höhepunkt des Hexenstiegs, den Hexentanzplatz, gelangt man statt zu Fuß viel bequemer mit der Seilbahn. Nur hätte dann das Wappentier des Harzes nichts davon! Es müsste vom Gebüsch aus hilflos zusehen. Was übrigens den **Hexentanzplatz** betrifft, haben mittlerweile auch die Hexen nichts mehr davon. Sie sind geflohen, die meisten nach Leipzig und Berlin, seit eine Million Touristen pro Jahr hier oben den Boden feststampfen. Alle wollen die Aussicht ins Bodetal genießen und können das zuweilen sogar – falls die Wolken von **Frittenfett** den Blick mal kurz freigeben.

Wie es sich für einen Nationalpark gehört, ist der Platz zugestellt mit Imbissbuden und Souvenirshops. Hier werden einheimische Spezialitäten gereicht wie Döner und Currywurst, sowie in China hergestellte, hundertprozentig authentische Werke der **Volkskunst**. Am beliebtesten sind kleine bunte Hexen aus recyceltem Plastik. Zu sehen sind auch ein paar neckische Bronzefiguren (Hexengroßmutter, Teufel und Inklusionsschüler), die ein lokaler Künstler formen durfte.

Erst seit 1990 ist der Platz wieder vom Westen aus zugänglich. Mit vorbildlicher Sensibilität hat man sich bemüht, nicht alles radikal zu erneuern und bundesrepublikanisch zu modernisieren, sondern einzelne Teile im alten Zustand zu belassen. Das gilt besonders für die **Toilettenanlagen**. Sie zu besichtigen, kostet leider Eintritt. Von der Benutzung wird abgeraten. «Dann nehmen Sie lieber eine Gondel der Seilbahn.»

So ähnlich funktioniert das auch mit dem höchsten Berg des Harzes, dem Brocken. Man kann es mit dem Zug hinauf schaffen, mit der berüchtigten **Brockenbahn**. Und man kann wandern. Das geruhsame Wandern bevorzugen alle Menschen, die nicht jahrelang in Indien gelebt haben, und natürlich alle, die schon mal die Brockenbahn durchleiden mussten.

Die Betreiber der Bahn sind stolz auf das besondere Erlebnis, das sie den Fahrgästen bieten: **das indische Gefühl**. Tatsächlich berichten Reisende, die in einem früheren Leben mal einen Zug in Bombay oder Delhi bestiegen haben, die Harzbahn übertreffe das indische Erlebnis sogar. Dazu werden zunächst wesentlich mehr Tickets verkauft, als Plätze in den Abteilen vorhanden sind. Anschließend wird die Belüftung abgedreht. Dann beginnt die Verspätung.

Und während der schnaufenden Fahrt muss der Zug immer mal wieder anhalten – in Indien wegen einer Kuh auf den Schienen, hier mehr aus *betriebstechnischen* Gründen. «Die indischen *Rush-Hour*-Züge mit den zusammengepressten Menschen und den eingedrückten Rippen, mit den schreienden Müttern und weinenden Kindern und schimpfenden Greisen – das wollen wir hier vor Ort hautnah erlebbar machen», erzählt ein Mitglied des Service-Personals, das aus Sicherheitsgründen nie mitfährt. «Die Reise ist nur echt, wenn sie sich wie eine **Fahrt in die Hölle** anfühlt.»

Bisher gelingt das ganz gut. Zum Glück können die meisten Passagiere auf gut tausend Meter Höhe, am Bahnhof Brocken, von geschultem Hilfspersonal aus dem Zug geborgen werden, einige sogar lebend. Dass die Qual sich nicht lohnt, wussten die meisten schon unten. Deswegen ist die Enttäuschung hier oben für niemanden eine Überraschung. Wer sich hier dem Wind, der Nässe und der Kälte aussetzt, kann immer behaupten, auf einem der sogenannten **Ranking-Berge** zu stehen. Also auf einer jener Erhebungen, die Jahr für Jahr in Befragungen bei Experten und Publikum in die Top Ten gelangen. Seit Beginn der Umfragen, also seit 1972, landet der Brocken jedes Jahr auf Platz eins der hässlichsten Berge Deutschlands.

GOSLAR

Touristen wundern sich immer wieder, wie klein diese Fachwerkstadt ist und dabei wie reich an Bausünden. Die eigentlichen Anziehungspunkte liegen ohnehin außerhalb: das Besucherbergwerk und die **Kaiserpfalz**. Die Pfalz (von «*Palast*») diente vor tausend Jahren als temporärer Wohnsitz reisender Herrscher. Heute täuscht sie Mittelalter vor. Die Gebäude stammen aus dem 19. Jahrhundert. Bei ihrem Bau ging es nicht um eine originalgetreue Rekonstruktion, sondern um die imponierende Wirkung. Die ist mittlerweile komplett verpufft. Nur noch komisch – aber immerhin das! – wirkt der große Saal mit den wandfüllenden **Märchenbildern**. Sie huldigen von Karl über Barbarossa und Luther bis Wilhelm I. lauter Gestalten, denen die heutigen Besucher – wie das ausliegende Gästebuch zeigt – gern eine schallende Ohrfeige verpassen würden oder noch lieber zwei. Die Galerie eignet sich glänzend zum **Fremdschämen** und wird auch ausgiebig dafür genutzt. Es gibt ein paar echte mittelalterliche Reste auf dem umgebenden Gelände, die jedoch weniger Spaß machen.

Ein vierhundert Jahre älterer **Huldigungssaal** befindet sich übrigens im Rathaus am Markt. Außer Konservatoren darf ihn allerdings niemand betreten. Interessierte Besucher werden gebeten, ihre Nase an der dicken Glasscheibe plattzudrücken. Das Dunkle dahinter sei der Saal.

Ein paar Kilometer weiter ist die Dunkelheit spannender: im Besucherbergwerk **Rammelsberg**. Reisende müssen sich zunächst durch Schulklassen wühlen, die ausdauernd über den Namen kichern. Dann geht es hinein mit einer Grubenbahn und in einen Stollen, von dem aus Metalle aus dem Berg gekratzt wurden. Egal, ob man allein oder in einer Gruppe unterwegs ist und ob ein Guide den Erzbergbau erläutert oder den Wetterbericht vorliest: irgendwo wird immer gekreischt. Kann sein, dass tatsächlich jemand unter Höhenangst leidet oder unter Tiefenangst, Klaustrophie, Drehschwindel, Schwankschwindel und Agoraphobie – vor allem treiben sich Schüler auf den Treppen und Brücken hier gegenseitig in die Hysterie. Dieses Spiel allerdings ist derartig unterhaltsam, dass die Unesco das Gewirr aus durchbrochenen Stufen, Podesten, Gängen und Geländerstangen jetzt zum Welterbe rechnet. Die Museen hingegen (Leben und Arbeiten der Bergleute, Mineralien von Achat bis Zwillingskristall) eignen sich ausschließlich für Besucher, die extrem bis autistisch an Bergbau interessiert sind. Ein kleines Bistrocafé wendet sich vor allem an die Freunde der Mikrowelle.

QUEDLINBURG

Das Fachwerkstädtchen der Marke *urig und verwinkelt* ist berühmt für seine abendliche **Totenstille**. Die Cafés schließen um 16 Uhr, die Restaurants um 19 Uhr. Im Sommer zieht gelegentlich noch ein lamentierender Nachtwächter durch die Gassen, mit drei bis fünf Touristen im Gefolge, die bei den abgespulten Namen und Daten auf Durchzug schalten. Quedlinburg bietet viele alte Häuser um einen **Marktplatz** mit Renaissance-Rathaus. Auf dem Münzenberg errichteten kleine Handwerker ihre Katen, gegenüber auf dem Schlossberg bauten die Chefs. Der Dom auf dem Berg hütet, was die vom Kopfsteinpflaster ermüdeten Besucher am meisten enttäuscht: den **Domschatz**, der verblüffend unansehnlich ausfällt und der nach neuerer Expertenschätzung weniger wert ist als das Eintrittsgeld.

Im Schlossmuseum wird der sogenannte *Raubgrafenkasten* gezeigt, der historische erste Container Deutschlands (um 1300). Er diente zum **Transport unbeliebter Menschen**. Interessant in die-

131

ser einst von Mönchen und Stiftsfräulein besiedelten Stadt ist die kleine **Blasii-Kirche** im Zentrum. Im Deckengemälde thront der heilige Blasius, der Schutzheilige des Oralverkehrs, der einzigen Befriedigung, die den Mönchen in der Fastenzeit erlaubt war.

BELIEBTESTES SOUVENIR: Plastiktüte «Wir lieben Lebensmittel».

LEIPZIG

Irgendwann möchte Leipzig das bessere Berlin sein. Auf dem Weg dahin hat die Stadt im vergangenen Jahr einen wichtigen Schritt gemacht. «Dieser Schritt festigt unsere **regionale Identität**, ist nachhaltig und wird auch bei den Touristen haften bleiben», versichert ein Sprecher.

Und er hat recht. Gemeint ist: In Berlin wurden im vergangenen Jahr täglich 54 Tonnen Kot von **Hunden** auf Bürgersteigen abgelegt. In Leipzig waren es täglich 32 Tonnen. Klingt weniger, ist aber mehr. Denn bezogen auf die Einwohnerzahl (500 000 in Leipzig, 3,5 Mio. in Berlin) und auf die Fläche (300 km² in Leipzig gegen 900 km² in Berlin) «ergibt sich bei uns in Leipzig eine wesentlich höhere Dichte!» Das wäre also schon mal geschafft. Der erste Welterbe-Eintrag ist sicher.

Auch in Arbeitslosigkeit und Pro-Kopf-Verschuldung zieht *Hypezig* gerade an Berlin vorbei. Wenn das keine Gründe zum Hinfahren sind! Für Touristen kommt als Anreiz hinzu, dass die mittelalterliche **Via Regia** und der **Jakobsweg** gemeinsam durch Leipzig führen. Sie verlaufen auf derselben Trasse. Der städtische Teil heißt *Eisenbahnstraße* und ist nicht nur ein beliebter Pilgerweg, sondern zugleich der wichtigste Treffpunkt für Dealer und Junkies. Hier wird gespritzt, hier wird gedrückt, hier wird gekotzt.

«Schön ist das nicht in jedem Fall, aber immer bewegend, und das **Bewegende** ist das Entscheidende auf einem Pilgerweg», versichert ein Jakobspastor. Andere Leipziger Straßen bewegen ebenfalls, und zwar durch ihren Reichtum an Schwellen und Schlaglöchern plus ab Juli durch ihren schmelzenden Asphalt. In dieser Stadt spürt man noch die Jahreszeiten. Im Winter ist sie ein Eispalast, im Sommer ein Glutofen.

Das ist nichts für jeden. Aber «Mei Leibzsch lob ich mir!», heißt es im *Faust*. Verfasser Goethe lässt diesen Spruch im Stück von einem **harten Säufer** herauslallen. Dergleichen Abstürzer kampierten schon damals gern in der Stadt, und sie tun es heute erst recht. Der komfortabel ausgebaute Hauptbahnhof ist ihre Heimat. Aber auch die Innenstadt, von einem Straßenring umschlossen, ist überschaubar und noch in volltrunkenem Zustand problemlos zu durchqueren. Man kann sich hier wohlfühlen, ohne viel zu tun.

Kulturreisende jedoch möchten partout etwas unternehmen. Viele kommen wegen *Bach*, Johann Sebastian, der hier viel georgelt hat. Das ist dreihundert Jahre her, aber seitdem ist in Leipzig – abgesehen vom öffentlichen FKK-Schwimmfest 1931 – kulturell nichts los gewesen. Also Bach. Er bespielte die Thomaskirche. Dieser von den Einheimischen **Doomasgürsche** oder *Doomasgersche* genannte Bau ist eine neugotisch umgebaute Halle, die ohne den Gesang des Internats-Knabenchors kraftlos wirkt. Als Konzerthaus kann sie nur aus Tradition durchgehen. Wer nah am Chor sitzt, muss den Kopf verdrehen; wer unverdreht sitzen will, sitzt weit ab, starrt auf den **Vordermann** oder eine Säule, hört dafür aber von jedem Ton ein mehrfaches Echo.

Tagesbesucher irren ratlos durch die leere Kirche, halten Ausschau nach Sehenswertem und äußern ihre Enttäuschung im Flüsterton. Aber nur bis sie auf dem Klo gewesen sind! «Supertolle **Toilettenanlage**!», heißt es im Gästebuch. «Gepflegt und geräumig», rühmt ein anderer. «Innovative Selbstreinigung, Handtuchspender top!», schreibt ein Dritter. «Lässt keine Wünsche offen», meint einer. Und: «Genial, Geil, Gotteslob!» Und so weiter. Das ist die Thomaskirche.

Zur **Nikolaikirche** sind es von hier gerade mal fünfhundert Meter. Dort gibt es Originelleres zu sehen, weil die Säulen als stilisierte Palmen herausgeputzt sind, die das Gewölbe auf hellgrünen Palmblättern tragen. Die Kokosnüsse aus Stuck sind überwiegend herabgefallen, nicht immer mit erfreulichen Folgen für die darunter Betenden. Die Nikolaikirche bleibt das Denkmal für die Friedensbewegung, die hier mit Montagsgebeten ihren Anfang nahm. Eine Ausstellung ermöglicht es jedem, der nicht dabei war, zu rätseln, was aus ihr geworden ist.

Zum aufrichtigen Fremdschämen dagegen ist am besten das **Völkerschlachtdenkmal** geeignet. Es liegt ein paar Kilometer außerhalb. Die S-Bahn benötigt nicht mehr als eine Viertelstunde. Vom Hauptbahnhof geht es südwärts durch den *City-Tunnel*. Aussteigen, verkohlte Bratwurst riechen, Andenkenstände umgehen, das Denkmal sehen. Schön findet es niemand. Es erinnert an einen zur Trutzburg aufgepumpten Helm oder an eine **Abschussrampe** für die nie gebaute kaiserliche Rakete zum Mond.

Errichtet wurde es 1913, hundert Jahre nach dem Sieg der Heere Preußens, Russlands, Schwedens, Österreichs über Napoleons in Russland ramponierte Armee. Vor hundert Jahren sollte der Koloss das nationale Selbstbewusstsein heben. Heute hebt er das individuelle Selbstbewusstsein – indem jeder über das Monstrum und den Anlass für seine Erbauung ausgiebig den Kopf schütteln kann.

Wer reingeht, kann es bei der **Krypta** belassen. Die sieht aus wie für ein *Fantasy Game* entworfen. Wer unbedingt rauf will aufs Denkmal, hat so viele Stufen vor sich, wie das Jahr Tage hat. Im Sommer werden Treppenläufe veranstaltet. Von der ersten Ebene aus geht ein **Aufzug** bis beinahe nach ganz oben. Wer ihn nehmen will, muss warten, und oft so lange, dass die Mitreisenden inzwischen schon wieder herabsteigen. Die Aussichtsplattformen oben sind **absichtsvoll so eng bemessen**, dass alle in einer Richtung kreisen müssen. Tun sie das nicht und begegnen sich zwei, von denen einer bereits eine Thüringer Bratwurst gegessen hat, wird es schwierig und womöglich ein wenig kriegerisch. Den Abstieg über die Wendeltreppe schildern Blogs unter Titeln wie «Als ich zum Klaustrophobiker wurde» oder «Warum ich immer noch in der **Psychiatrie** bin».

Überlebende kehren in die Stadt zurück, lassen sich noch in einer der Passagen übers Ohr hauen (Mädler-Passage, Höfe am Brühl) oder in *Auerbachs Keller* unfreundlich bewirten, treten noch ein paar Mal ins Glück, nehmen ein paar Brocken davon mit nach Hause, und das war sie dann auch schon, die heimliche Hauptstadt Ostdeutschlands.

WISSENSWERTES

* Das FKK-Schwimmfest von 1931 wäre wiederholt worden, wenn die einheimischen Teilnehmer nicht «ausnahmslos rundlich und unansehnlich» gewirkt hätten (Expertise 1932).
* Die Leipziger Buchmesse hätte der Frankfurter Buchmesse beinahe mal den Rang abgelaufen.
* Die Olympischen Sommerspiele 2012 hätten beinahe in Leipzig stattgefunden.
* Der Weihnachtsmarkt wäre beinahe der älteste Deutschlands gewesen.
* Leipzig wäre beinahe mal Hauptstadt von Sachsen geworden.

MÖGLICHKEIT ZUR BESTRAFUNG UNARTIGER KINDER: Besuch einer Bach-Motette in der Thomaskirche. **ENTSORGUNG ÄLTERER MITREISENDER:** Besuch des Völkerschlachtdenkmals. «Kurt Masur, der berühmte Dirigent, ist noch mit 87 bis ganz nach oben gestiegen, in exakt elf Minuten! Vielleicht schaffst du es in zehn? Wir warten hier!»

RÜGEN

Rügen gehört zu den unglücklichen Inseln, von denen keiner merkt, dass es eine ist. Die Rapsfelder und die Maisfelder und die Gehölze und Dörfer wirken wie eine weitere **überflüssige Fortsetzung** von Mecklenburg-Vorpommern.

Lediglich die Fahrt über die Brücke von Stralsund weckt Verdacht. Wer sie hinter sich hat, steht im Stau. Wer sie vor sich hat, steht ebenfalls im Stau. Der Engpass ist die Hauptverkehrsader Rügens, die gefürchtete **Bundesstraße 96**. An ihr wird keineswegs permanent gebaut, wie Leidtragende behaupten. Vielmehr werden die Baustellen mit Rücksicht auf den Urlaubsverkehr ausschließlich vor Wochenenden und zu Ferienbeginn eingerichtet. Zum Ende der Saison werden sie wieder abgebaut, in der Regel ohne dass etwas Erkennbares getan worden wäre.

Rügener raten dazu, nicht wie alle anderen am Samstag zum *Bettenwechsel* zu fahren, sondern lieber eine bezahlte Übernachtung verstreichen zu lassen. Es sei entspannender, die Brücke früh am folgenden Morgen zu überqueren, am besten zwischen drei und vier Uhr. Die Rückfahrt gelinge besser spät nachts, ebenfalls zwischen drei und vier Uhr.

Lohnt sich die Mühe überhaupt? Oh ja. Doch. Jedenfalls für alte **Kampfgefährten**. Die sind überglücklich, dass die stalinistische Monsterkaserne Prora endlich wieder eröffnet werden konnte. Man darf da jetzt Urlaub machen. Noch ältere Genossen freuen sich, dass mit diesem Gigabau nun doch noch der Traum der Gemeinschaft «Kraft durch Freude» vollendet wurde, dessen Verwirklichung Ende der dreißiger Jahre ins Stocken geriet.

«Die organische Entwicklung vom KdF-Bau zur Kaserne zur Urlauberhochburg bekräftigt die **historische Kontinuität** unserer Insel», bekräftigt ein Heimatforscher. Aus der Kaiserzeit gibt es auch noch Passendes zu bestaunen: sogenannte *Bäderarchitektur*. Damit sind Gründerzeitbauten gemeint, die außen mit Balkonen und Giebeln und Türmchen und Säulchen filigran wirken, die im Inneren jedoch ziemlich verbaut sind. Einige sollen demnächst mit **Toiletten** ausgestattet werden.

Weiß getüncht stehen sie in Sellin und in Binz, wo ältere Herrschaften gemäßigten Schrittes flanieren und rollieren und zum Sonnenuntergang auf die Seebrücke schlurfen. In Sellin gibt es auf der Brücke sogar eine ausladende Kneipe, die im Sommer mit schriller Animation die Hunde am Strand zum Dünnpfiff treibt und im Herbst mit einem dröhnenden Oktoberfest das **Fischsterben** beschleunigt. Die Seebrücke in Binz wirkt dagegen kümmerlich und kann höchstens dem Fotografieren des Ortes dienen, bevorzugt bei Sonnenuntergang.

Alle Rügen-Urlauber müssen zu den **Kreidefelsen**. Dass in der Nähe des *Nationalparks Jasmund* zwei Inspektoren der Unesco gesichtet wurden, ist zu Recht als **Lizenz zum Abzocken** verstanden worden. Seither wird für die Aussicht Eintritt verlangt. Der kostenpflichtige Parkplatz ist weit ins Landesinnere verlegt worden, damit ein kostenpflichtiger Shuttlebus eingesetzt werden kann.

Im Wald hinter einem Baum zu verschwinden, ist nach den Nationalparkstatuten wegen möglicher giftiger Ausscheidungen (Reste von Antibiotika und regionaler Fischgerichte) untersagt. Stattdessen gibt es kostenpflichtige Toiletten. Das Mitbringen von Proviant ist unerwünscht. Es gibt Imbissbuden. Und es warten beschauliche Kassenhäuschen und ein Besucherzentrum, in dem das

Leben im Wassertropfen sowie der Kreislauf der Jahreszeiten gewürdigt werden.

Und es gibt ein Problem: Wer all das nicht will und wem am Geschiebe und Gedränge nichts liegt, der bekommt einen viel besseren Blick auf die Kreideküste samt dem Edelfelsen *Königsstuhl* von einem nahen Aussichtspunkt namens *Viktoriasicht*. Der Blick von dort ist immer noch **kostenlos**. «Dieses Problem müssen wir zeitnah in den Griff kriegen», murrt ein Tourismusexperte. Doch vorläufig spazieren freche Gäste immer noch ungeniert auf dem zollfreien Weg zur kostenlosen Rundsicht. Manche erdreisten sich sogar und steigen über die kostenlose Holztreppe hinab zum unbegreiflicherweise frei zugänglichen Kieselstrand.

Sie stehen unter dringendem Verdacht, die Kreidefelsen unten mit ihren Fingernägeln anzubohren, mit der unbestreitbaren Folge, dass es bei Regenfällen immer wieder zu **Abbrüchen** und Abrutschen kommt. «Gegen diese umweltfeindlichen Aktivitäten wird etwas unternommen werden!» Noch ist es nicht so weit. Die Besucher wandern ungeschröpft am Ufer entlang und sammeln Flintsteine mit Einschlüssen und die sogenannten *Hühnergötter*, Feuersteine mit einem in Jahrhunderten herausgewaschenen Loch in der Mitte. Sie gelten als Glücksbringer. «So etwas darf nie und nimmer kostenlos bleiben!» Bei Redaktionsschluss war es das noch.

HIER SPRICHT DER DICHTER über das größte Brackwassermeer der Erde, die Ostsee: «So sieht ein Meer aus, das die Nationalsozialisten erfunden haben und das dann von der DDR verwaltet wurde.» *Matthias Brandt*

GARMISCH UND DIE ZUGSPITZE

Garmisch-Partenkirchen ist eine kleine Gemeinde vor großer Kulisse. Reisende, die hierher kommen, möchten nicht bleiben. Sie wollen das **bayerische Trauma** erleben, die Zugspitze, diesen Versagerberg, der Millionen Jahre Zeit hatte, ein echter Dreitausender zu werden und der es bis heute nicht gepackt hat. Bayern hat diesen Fehlgriff als höchsten Berg Deutschlands zum Staat beigetragen. Aber ein Dreitausender wird nicht mehr daraus, nicht mal mit noch so hässlichen Aufbauten. Es bleibt bei 2961–63 Meter, je nach Vermessungsinstitut.

Lässt sich der Berg **liften**? Vor achtzig Jahren wurde der Westgipfel abgeflacht, um eine Flugleitstelle zu schaffen, die dann doch nicht erbaut wurde. Darf man nun kosmetisch rekonstruieren und dabei betonchirurgisch nachhelfen, bis die 3000 erreicht sind? Überlegungen gibt es. Bis dahin bleibt es beim höchsten Flop Deutschlands.

Von unten, von Garmisch aus, sieht man die Zugspitze nicht, allenfalls vom Ortsrand aus. Das ist ganz gut so, denn sie ist weder schön noch monumental oder gar majestätisch. Kletterjunkie *Luis Trenker*, ein Österreicher, fand sie ohne Charme und Charisma, «allenfalls vom **Hupfleitenjoch** macht sie was her». Das sagte er, um zu zeigen, dass er auf dem schwer zugänglichen Joch spazieren gegangen war. Auch von dort macht die zugige Spitze nichts her. Das fromme Volk von Garmisch wählte deshalb die niedrigere, jedoch ansehnlichere **Alpspitze** zum Hausberg. Vielleicht auch aus

Trotz, weil alle Besucher den Ort lediglich als Durchgangsstation betrachten.

Allerdings gibt es im Städtchen auch nicht viel zu sehen. Ein paar bemalte Häuser, ein paar Brunnen. Gelegentlich **Kühe**, die ihre Glocken im Echo der Hauswände schwingen. Eine Villa, in der *Richard Strauss* eine schlierige *Alpensinfonie* komponierte. Das ist es. Und doch drängen sich an Tagen mit klarer Sicht viele Hunderte durch die Gassen. Das sind Leute, die warten müssen. Alle Stunde kommt ein an schönen Wochenenden überfüllter Zug aus München. Und ebenfalls alle Stunde fährt von hier die **Zugspitzbahn** via Grainau und Eibsee zur Hochfläche namens Zugspitzplatt.

Nicht alle, die aus dem Münchner Zug quellen, passen in die Zugspitzbahn. Wartezeiten bis zu zwei Stunden müssen mit der Besichtigung von Garmisch gefüllt werden. Und manchmal geht es überhaupt nicht weiter. Wenn die Zugspitze überfüllt ist, sind die Angereisten, die hier am Tickethäuschen stehen, die Ersten, die es erfahren. Sie haben dann viel Zeit für die Rückfahrt. Diejenigen jedoch, die es schaffen, genießen ab Grainau eine Zahnradbahn, die sich eine Stunde lang aufwärts müht, fünf Kilometer lang durch Tunnel. Der **Blick auf die Tunnelwände** gilt als meditativer Höhepunkt der Fahrt.

Ab Eibsee schwebt auch eine Seilbahn aufwärts, und zwar mit einem Tempo, das immer wieder Fahrgäste zum Kotzen nötigt. Nicht viele, aber genügend, um das Aroma in der Kabine ins Unfrische zu wenden. Zwar stehen **Brechtüten** zur Verfügung, gelangen aber nicht immer rechtzeitig zu den Würgenden. Denn die Kabinen werden **presswurstmäßig** befüllt. Niemand soll sich bewegen können. Wer gleich am Anfang ans Fenster gedrückt wird, kann zwar raussehen, aber meist tränen die Augen wegen des gebrochenen Nasenbeins.

Es gibt auch ein paar andere Seilbahnen, etwa eine von Österreich aus, aber wer nicht ins Koma fallen will, geht besser zu Fuß. Der einfachste Weg führt durch das Reintal, der klassische und kürzere durch das **Höllental** und die Höllentalklamm. Lediglich 60 000 Menschen pro Sommer erproben auf diesem Pfad die Haltbarkeit ihrer **Flipflops**. Vorteil: Unterwegs können die Wanderer frische Zweige von den Latschenkiefern ernten und direkt gegen Hornhaut, Blasen und als Verwöhnbalsam einsetzen.

Oben endlich, zwischen Aussichtsgitter und Restaurant, wandern pro Saison eine halbe Million Leute hin und her und versuchen, ins Weite zu blicken. An bis zu sechzig Tagen pro Jahr ist das möglich, an den dreihundert anderen herrschen **Wolkendunst** und Nässe, an dreihundertzehn Tagen sinkt die Temperatur unter Null. Wer per Bahn hochgekommen ist, hat nun schon mehr als fünfzig Euro hingeblättert und muss jetzt ziemlich tief in die Tasche greifen, um eine angesengte Bratwurst zu ergattern.

Aber die Stärkung muss sein, bevor es noch ein paar Schritte höher geht. Nachdem der Mittelgipfel der Seilbahnstation zum Opfer gefallen ist und der Westgipfel plattgemacht wurde, bleibt der Ostgipfel als Highlight. Der Pfad zum **Gipfelkreuz** ist Japanerinnen in Stöckelschuhen vorbehalten sowie Leuten, die über Japanerinnen in Stöckelschuhen nur den Kopf schütteln können. Das fromme Kreuz gilt als Anziehungspunkt für gewaltbereite Blitze. Oder vielmehr, das war so, bis endlich 2012 ein muslimisches Gebetshaus am Gipfel eröffnet wurde.

Seither hat Gott sich mit wütenden Blitzen zurückgehalten. «Mohammed ist wohl doch sein liebster Prophet», erklärt ein Restaurantmitarbeiter, der nicht genannt werden möchte. Übrigens kann man von hier oben ungehindert nach Österreich hinüberblicken – die Grenze verläuft auf dem Westgipfel –, wo es offensichtlich viel höhere Berge gibt. Aber keine mit so tollem Moschee- und Massentourismus!

DIE ZEHN WICHTIGSTEN HISTORISCHEN EREIGNISSE

1820 – Erstbesteigung durch einen Vermessungsbeamten.

1853 – Die erste Frau auf dem Gipfel (mit dem Eintrag: «Hat sich nicht gelohnt»).

1908 – Erste Nacktbesteigung durch drei Nudisten (zwei Männer, eine Frau).

1926 – Zum ersten Mal mehr als zehntausend Besteigungen.

1948 – Balanceakt von drei Seilartisten zwischen Ost- und Westgipfel.

1965 – Eine Lawine fegt dreißig Leute von der Sonnenterrasse des Schneefernerhauses.

1972 – Erste Besteigung im Rollstuhl (mit vier Helfern).

1995 – Eröffnung eines Ausstellungsraumes für Künstler, die unten keinen Erfolg haben.

2008 – Erstmals nur zwei Tote beim *Zugspitzextremlauf*.

2012 – Der Berg stellt sich unter den Schutz Allahs.

DIE ZEHN MEISTGESTELLTEN FRAGEN AUF DER AUSSICHTSPLATTFORM:

Ist das hier immer so voll?

Wo ist jetzt München?

Und was ist das da am Horizont?

Hast du noch Geld?

Wie schnell schmelzen die Gletscher eigentlich?

Wie findest du den Typen dahinten?

Wo fängt Österreich an?

In welchem Haus hat Hitler gewohnt?

Wann können wir wieder runter?

Bergski vor, Talski belasten oder umgekehrt?

ESSEN UND DIE ZECHE ZOLLVEREIN

Reisende staunen immer wieder über das stillgelegte Bergwerk bei Essen. Der alte Förderturm macht sich zweifellos großartig auf Fotos, besonders im **Gegenlicht** und in Schwarz-Weiß. Doch weshalb wurden die öden Industriegebäude drumherum ins Weltkulturerbe aufgenommen?

Etwa weil sie vom Lieblingsarchitekten des **Reichsbauleiters** *Albert Speer* entworfen wurden? Das vermuten die einen. Oder weil das Steinkohlebergwerk ein **kriegswichtiger Betrieb** war? Das glauben die anderen.

Aber es gibt noch einen nobleren Grund: Wie keine andere Industrieruine eignet sich die Zeche Zollverein zur Verklärung der Arbeitswelt. Hier darf die Maloche von einst wehmütig gefeiert und geadelt werden. Das hebt das Selbstgefühl und geht auch als Kultur durch.

Begonnen hat die **Veredelung** mit einem Trend in den siebziger Jahren, der *Nostalgie* genannt wurde. Nach lauter kahlen Modernisierungen und abschreckenden Neubauten erschien die Vergangenheit in goldenem Schimmer. Das war der Anfang der «*behutsamen Stadterneuerung*». Bald blieben auch unbrauchbar gewordene Gebäude stehen. Verlassene Fabriken wurden zum authentischen Denkmal erklärt. Und weil nichts anderes übrig blieb, mussten sie «kulturell» oder «kreativ» genutzt werden.

Diesem Trend verdankt die Zeche Zollverein ihr Überleben. Die überwachsenen Ruinen wurden publikumsfreundlich saniert und dienen seither der Romantisierung verschwundener Arbeit. In melancholischem Licht erscheint hier die schöne Zeit, als die Wäsche auf der Leine noch **richtig schwarz** wurde, wenn sie zwanzig Minuten draußen ging.

Das ist ein paar Jahrzehnte her. Die Kokerei (zur Koksherstellung) hat ausgedampft. Vermehrt um einen Pool und ein Riesenrad dient sie nun der Präsentation von kulturellen Kleinereignissen. Und das Gebäude zur Kohlenwäsche (zur Trennung der Kohle von unbrauchbarem Gestein) ist jetzt ein Museum. Auf einer fünfzig Meter langen Rolltreppe aufwärts dürfen sich die Besucher vorkommen wie Kohle auf einem **Förderband**. Gegen angemessenen Eintritt bekommen sie dann einen Eindruck davon, wie hier mal geschuftet wurde.

Ästhetisch hochwertige Schwarz-Weiß-Fotos und authentisch flimmernde Clips machen es möglich, sich solidarisch zu fühlen mit den Bergleuten vergangener Jahrhunderte. Die Besucher unterstützen hier uneigennützig den Kampf der Arbeiterklasse, wenn auch nur retrospektiv. **Akademiker** zeigen sich zugleich empört und fasziniert davon, dass Leute aus unteren Schichten mal richtig körperlich gearbeitet haben, in Stollen unter der Erde, mit freiem Oberkörper, schwitzend. Und schmutzig wurden sie dabei auch noch.

All das mit kritischem Sinn zu betrachten, ist ein erhebender Genuss. Niemand muss hier noch mit einem Förderkorb in einen Schacht einfahren. Doch damit die Mühen der Bergleute am eigenen Leib erfahrbar werden, haben die Verwalter sich etwas einfallen lassen. Auf dem Gelände der Zeche lässt sich zum Beispiel erleben, wie schwierig die **Orientierung unter Tage** war, bei schummrigem Licht, in einem verwinkelten System schmaler Gänge. In den Stollen gab es wenige Hinweistafeln. Die Kumpel konnten sich auch mal verlaufen.

Und genau das ist jetzt auch oberirdisch möglich, bei Tageslicht!

Das von Trümmerpflanzen überwucherte Zechengelände ist wohl-bedacht ohne Hinweise und Informationstafeln geblieben. Deshalb tappen so viele Besucher fragend durch Brennnesseln und aufge-schossenen **Riesenbärenklau**. Herumirren ist menschlich und gilt als sinnstiftend für die Identität der Region. Und wer rasch ein paar Büsche wegschneidet, mag sogar noch rostige Hinweistafeln finden, meistens zur *Route der europäischen Industriekultur*. Noch häufiger hockt jemand hinterm Busch, aus durchschaubaren Gründen.

Denn zur Unterstützung der Solidarität gibt es keine WCs auf dem Gelände. So wird die beschwerliche Lage der Bergleute end-lich für jeden Besucher körperlich nacherlebbar. Unter Tage gab es auch keine WCs. Die Kumpel mussten sich zum Verrichten der **Notdurft** in einen seitlichen Stollen verdrücken, gern auch auf eine andere Ebene («Bin mal kurz in Zwo auf Strecke sieben.» – «Aber da ist Hermann grade!» – «Oh, gut.»).

Aufgelassene Stollen oder Strecken waren unter Tage zugleich die einzige Möglichkeit für schwule **Kontakte** zu einer Zeit, als dergleichen über Tage noch verfemt war. Deshalb ist es befremd-lich, dass die *Stiftung Zollverein* kürzlich eine Aktion jugendlicher Schwuler und Lesben untersagte, die zunächst mal nur Luftballons (in Herzform) vom Gelände aufsteigen lassen wollten. «Müssen wir wieder unter Tage?», fragte ein Teilnehmer traurig.

Übrigens: Ein paar Klos mit Wasserspülung gibt es denn doch noch auf dem Gelände, als Tribut an den Fortschritt. Im Bergbau bestand die letzte Stufe des Fortschritts in der Einführung von **Abortkübeln**. Sie wurden alle drei Tage nach oben gezogen. Ihr ge-legentliches Umkippen war leider nicht ganz zu vermeiden – und wurde übrigens in englischen Minen zum Ursprung des Begriffes *Shitstorm*.

Der Fortschritt in der heutigen Zeche Zollverein führte zur Be-reitstellung sanitärer Einrichtungen mit Sparautomatik, mögen sie auch rar und verborgen sein und der Zechenromantik nicht hundertprozentig entsprechen. Am sichersten sind sie beim **Café** des Ruhrmuseums zu finden.

Das Café selbst bietet nach Auskunft von Gästen eine weitere überraschende Möglichkeit, sich dem Bergbau auf sinnliche Weise zu nähern: Statt mit aufgeschäumter Milch wird der Cappuccino hier mit **aufgeschäumter Bergmannsseife** hergestellt. Zumindest schmeckt er so.

SOUVENIRS: Schlüsselband mit Aufdruck *Ruhrmuseum*. Honig *Zechengold* von vor Ort ausgebeuteten Bienenvölkern; die rußige Farbe ist Zeichen der Echtheit. Packung *Ruhrkaffee* plus Stück *Bergauf Hautschutzseife*. Fertige Samenmischung *Zollverein* oder selbstgesammelte Samen von den Lieblingspflanzen des Geländes: Riesenbärenklau und Ambrosia. Weil beide Pflanzen heftige Allergien auslösen, sollten sie laut *Club der Zechenbotaniker* «besser auf dem Grundstück des Nachbarn» ausgesät werden.

MÖGLICHKEIT ZUR BESTRAFUNG UNARTIGER KINDER: Verzicht auf Riesenrad und Schwimmbad, stattdessen Besichtigung des Ruhrmuseums.

MÖGLICHKEIT ZUR BESTRAFUNG LÄSTIGER VERWANDTER: Besichtigung des Ruhrmuseums.

MÖGLICHKEIT ZUR SELBSTBESTRAFUNG: Besichtigung des Ruhrmuseums.

SONST NOCH IN ESSEN: Viel Grün, vor allem auf Deutschlands **erstem Tier-Mensch-Friedhof**. Bislang war eine Trennung bei der Bestattung von Mensch und Tier vorgeschrieben. Es gab reine Tierfriedhöfe. Jetzt endlich wird gemischt. An der Essener Pfarrstraße können Frauchen und Hund gemein-

sam begraben werden, ebenso Bauer und Schwein, berittener
Polizist und Lieblingspferd, Pfleger und Problembär. Auch
ältere Damen, die ihren Wellensittich bislang im Blumentopf
zur letzten Ruhe betteten, finden hier ein schattiges Grab und
können, so ein Trauerbegleiter, «auf Wunsch gern hinter-
herspringen». Vorher muss allerdings die Pacht beglichen
werden. Vom Grab aus genießen die Verblichenen dann den
herrlichen Blick in das tiefer gelegene Emschertal. Die
Kirchen wittern hier erhebliche **theologische Probleme**,
wenngleich das Haustier «heutzutage wohl mehr Partner
als Tier» sei. Egal – ein kontemplativer Besuch lohnt sich.
Vorsichtshalber ohne Partner, ob Mensch oder Tier.

DER BAYERISCHE WALD

Im Bayerischen Wald gibt es nicht nur Bäume. Nicht nur Wanderwege zwischen bemoosten Felsen und leicht reizbaren Wildschweinen. Es gibt auch keineswegs nur den einen kahlschädeligen Berg namens **Großer Arber** mit seiner kranken Krone aus Antennenschüsseln und darunter einem See mit verschlissenen Tretbooten.

Die Region lockt längst mit anderen Attraktionen. Da ist das wichtige *Schnupftabak-Museum* in Grafenau mit dem allergrößten *Schnupftabakglasl* der Welt. Da ist das bedeutende *Weißwurstäquatordenkmal* in Zwiesel, wenige Schritte entfernt vom ebenso mitreißenden *Dampfbiermuseum*. Und da ist das nachgebaute **Keltendorf Gabreta**, in das immer wieder Eltern ihre Kinder schleppen, allerdings nur, wenn die Kinder außergewöhnlich schwer erziehbar gewesen sind.

Und natürlich sind da Glashütten, Glasmuseen, Glasgalerien und eine Kristallglaspyramide. Denn vor allem Kristall ist es, was der einst armen Bevölkerung der Gegend zu Wohlstand verholfen hat und was in erneuerter Form jetzt immer mehr Besucher herlockt, hierher in den Bayerischen Wald und an jene Grenze, wo er in den **Böhmerwald** übergeht. Genau an der Grenze kann man das Kristall am günstigsten bekommen. Nicht das gewundene bunte Zeug, das Glasbläser in Schauhütten mit reichlich Dampf und aufgepumpten Backen herstellen, während in der Fabrik nebenan vierzigtausend Gläser pro Tag vom Band kullern.

Nein, gemeint ist jenes ungefärbte Kristall, das berauschendes Glück beschert. Wer nie davon gekostet hat, der weiß nicht, wie schön die Welt sein kann, wie allumfassend der Blick wird, wie unbestechlich scharf der Verstand! So wird es von Alteingesessenen beschrieben, jenes Kristall, das sie in **mühevoller Eigenarbeit** herstellen. Im Gegensatz zum altertümlichen Kristall der Glashütten, das in der Spülmaschine so schnell stumpf wird, führt das neue Kristall – liebevoll auch *Crystal* genannt – zu unübertrefflicher Klarheit, wenn auch nur kurzfristig.

«Wir erleben gerade einen Trendwechsel im Tourismus», erklärt ein führender Fremdenverkehrsmanager. «Die scheidende Generation mühte sich noch auf glitschige Steige, stolperte über Wurzeln und verschnaufte an **Wallfahrtskirchen**.» Die jetzige Generation gelangt immer schneller auf ehemals unerreichbar scheinende Gipfel. Sie verschmäht Kletterwälder und Baumwipfelpfade. Sie rollt einfach einen Geldschein und schnupft die zerstoßenen Kristalle hindurch oder raucht sie oder löst sie in Wasser. Und schon sind die **lichten Höhen** erschwungen.

Crystal Meth, wie das Trendkristall auch genannt wird, sorgt für einen nachhaltigen Energieschub. Es lässt die vormals als Hinterwäldler verschrienen Einheimischen zusammen mit den Feriengästen ganze Tage und Nächte durchtanzen, durcharbeiten, durchfeiern. Es ermöglicht erst jene herausfordernden **24-Stunden-Wanderungen**, die sich in den letzten Jahren zum Hit entwickelt haben. Erst *Crystal* macht den Wald zum Zauberwald und verwandelt seine dösige grüne Gleichförmigkeit in ein verwunschenes Märchenreich.

Seit der Stoff durch die Serie *Breaking Bad* gesellschaftsfähig wurde, zeigen sich vor allem **bürgerliche Urlauber** interessiert. Die Nachteile sollen nicht verschwiegen werden: Nach dem Genuss der Kristalle kann es zu einem *Euphorieflash* kommen, der für die

Mitspazierenden, wenn sie ihn nicht synchron gleichfalls erleben, schwer zu ertragen ist. Der euphorisch Geflashte steht womöglich überglücklich **im düsteren Tann** und mag sich gar nicht mehr trennen von einem Haufen morscher Äste. Er starrt in ein über Kiesel sprudelndes Bächlein und kann sich nicht fassen vor Staunen über den ewigen Fluss der Schöpfung. Oder er kauert auf einem Hochsitz und sieht am Horizont **Gott selbst** in seiner unendlichen Güte.

Das kann mühsam werden. Als noch unangenehmer gilt der *Laberflash*, der vor allem Leute ergreift, die immer schon gern geredet haben, Reiseleiter, Lokalpolitiker und **Museumsführer**, die jetzt gar nicht mehr aufhören können. Davon gibt es mittlerweile viele, zu viele in den schattenreichen Dörfern und kleinen Städten. Bei Frauen führt das Kristall zum lange angestrebten Gewichtsverlust. Kann auch sein, dass dabei ein paar Zähne draufgehen. Drüben in Tschechien bekommt man sie billig wieder eingesetzt.

Jedenfalls sind die begehrten und für diese Gegend so typischen Kristalle nirgends so einfach und preisgünstig zu bekommen wie hier im **Naturreservat** und an seinen Grenzen. Vor allem an jener unmarkierten Linie, an der Tschechien beginnt, dessen Drogenpolitik unendlich großzügig ist. Während man in den **Gaststätten** des Bayerischen Waldes nach acht Uhr abends garantiert nichts mehr zu essen und nur ausnahmsweise noch was zu trinken bekommt, gibt es ein paar Schritte hinter der Grenze immer etwas zu schnupfen.

Und es sind nicht mehr nur Einheimische, die die Spezialität der Region anbieten. Zunehmend beteiligen sich auch Gäste am Verkauf. Oft sind es freundliche Menschen aus Vietnam, die den steuerpflichtigen Verkauf von Zigaretten eingetauscht haben gegen den steuerfreien Vertrieb von Kristallen. Die Herstellung ist aber immer noch in der Hand der **alteingesessenen Bevölkerung**. In den sogenannten *Meth-Küchen* (*Meth* für Methylamphetamin, *Crystal* für die kristalline Beschaffenheit) wird der Stoff mit viel Hingabe von traditionell arbeitenden Heimwerkern in mühevoller Eigenarbeit hergestellt.

«Crystal ist vegan und soll es auch bleiben», beharrt man im Naturreservat. Ein paar in **Zwiesel** hergestellte Glasflaschen und Schläuche, dazu ein Brenner, regionale Ephedrintabletten und regionale Batteriesäure – mehr benötigt ein kundiger Bayerwäldler nicht, um seine Hütte in eine **gemütlich dampfende Küche** zu verwandeln. Dabei steht er in fairer Konkurrenz zu den Kollegen auf der böhmischen Seite. Die alten Feindseligkeiten sind längst vergessen.

«Wir haben gesagt: Wir müssen die **Blut-Hirn-Schranke** in den Köpfen überwinden», erzählt ein einheimischer Kristallhersteller. «Und das haben wir geschafft.» Der Stolz ist berechtigt. Die Reisenden profitieren von der Konkurrenz. Mehr als zwanzig Euro pro Gramm muss heute niemand mehr hinlegen. Die meisten anderen Freizeitabenteuer im Bayerischen Wald sind teurer und weniger erlebnisreich. Mögen die Spechte weiter ihre Löcher in unschuldige Bäume hämmern und Greifvögel ihre tückischen Kreise ziehen, im Bayerischen Wald hat der Fortschritt Einzug gehalten!

UNBELIEBTE MITBRINGSEL: Vasen, Schalen, Teller aus Glas, herabgesetzte Sektflöten, Weingläser zweiter Wahl, Hinterglasbilder, Engel aus Glas, Krippen aus Glas, gläserne Bonbons, gläserne Bärchen, Eulen, Schwäne, Pferdchen, Schnecken, Rehe aus Glas, klumpige Hinsteller mit farbigen Schlieren.
BELIEBTE MITBRINGSEL: Meth-Kristalle. Wegen restriktiver deutscher Gesetze ist es sicherer, kristallines Fingersalz zu kaufen, das genauso aussieht wir Crystal,

ebenfalls geruchlos ist und beim Schnupfen einen vergleichbaren Niesreiz auslöst. Das Lösen in Wasser ist problemlos möglich. Achtung: Wenn der Beschenkte bald bekleidet in der Badewanne sitzt, Wasser von einem Becher in den anderen schüttet und dabei sehr glücklich aussieht, war der Stoff echt.

AUTOSTADT WOLFSBURG

Völlig zu Unrecht wird Wolfsburg immer wieder als grau, einförmig und ereignislos beschrieben. Wer mit offenen Augen tiefer in das Leben dieser Stadt eintaucht, wird zu einem ganz anderen Urteil gelangen, wenn auch nicht zu einem positiveren.

Auf jeden Fall hat Wolfsburg etwas, das nur wenige andere deutsche Städte haben: ein VW-Werk, in dem die Arbeiter dreitausend Euro am **Fließband** verdienen. Obendrein ist es die einzige deutsche Stadt, von deren Rathaus tagsüber jeweils zur vollen Stunde ein Lied ertönt, wenngleich aus dem Gescheppel des Glockenspiels nicht herauszuhören ist, um welches es sich handelt. Übrigens hat dieses Rathaus keinen Balkon. Niemand hier rechnete damit, dass die Fußballmannschaft des Ortes jemals Meister werden könnte. Sie wurde es einmal, und nun baut man keinen Balkon mehr an, weil sie es sicher nie wieder wird.

Wolfsburg hat zum Glück noch vieles andere zu bieten. Zum Beispiel eine Fußgängerzone, in der es *Penny*, *Aldi* und einen **Schnäppchenmarkt** gibt sowie mehrere Läden zum Ankauf von Zahngold. Diese Fußgängerzone erscheint Besuchern oft etwas zu lang und auf jeden Fall zu breit. Das liegt daran, dass es sich um eine stillgelegte vierspurige Straße handelt. Die Straße wurde nie so richtig gebraucht und die Fußgängerzone eigentlich auch nicht.

Die Bevölkerung, falls sie zu Fuß geht, läuft lieber am Ufer des Mittellandkanals auf und ab oder setzt sich an den Rand der Kiesgrube, die seit ihrer Flutung **Allersee** genannt wird. Die gefüllte

Grube ist bei Sonne die bedeutendste Freizeitattraktion der Stadt. Bei Regen bietet sich das Museum an. Es verstaubt in dem alten Gemäuer, das *Schloss Wolfsburg* heißt und nach dem die Stadt umbenannt wurde.

Bei ihrer Gründung vor achtzig Jahren hieß sie noch anders. Ja, vor nur achtzig Jahren! Von allen anderen deutschen Städten unterscheidet Wolfsburg sich dadurch, dass es erst im letzten Jahrhundert gegründet wurde. Die sogenannte Altstadt ist jünger als die Bewohner ihres beliebten Seniorenzentrums. Anfangs hieß sie «**Stadt des Kraft-durch-Freude-Wagens bei Fallersleben**». Das war 1938. Weil der Name beim Adressenschreiben Schwierigkeiten bereitete, genehmigten die Behörden die Kurzbenennung «Stadt des KdF-Wagens». Nach dem Krieg, als es mit der Kraft und der Freude nicht geklappt hatte, war der Name allen peinlich. Nun wurde die Stadt nach einem Renaissanceschloss in der Nähe getauft: Wolfsburg.

Mittlerweile ist den meisten allerdings auch dieser Name peinlich. Nach einer Umfrage im vergangenen Frühjahr schämten sich mehr als dreiundsiebzig Prozent der Bewohner für ihren Ort. «Vor Fremden mag ich nicht zugeben, dass ich in Wolfsburg wohne.» Das mag am Stadtbild liegen. Es wird von betagten Blocks geprägt, die alten Kasernen für niedrige Dienstgrade gleichen. Hinzu kommen Bauten der zweiten Expansion in den fünfziger Jahren, deren Trübsinn («**Nachkriegsmoderne**») die Düsternis der früheren Siedlungen noch übertrifft.

Die dritte Erweiterung fiel ausgerechnet in die elendste Zeit von Architektur und Design, in die siebziger Jahre. Es hat nicht geholfen, dass Stars wie Alvar Aalto, Hans Scharoun und Zaha Hadid ein paar Gebäude beisteuern durften. **Hässlichkeit** herrscht vor. *Wobtown*, wie neu Hinzugezogene es ziemlich hip nennen, macht schwermütig.

Für Tagesbesucher jedoch hat die Stein gewordene Niedergeschlagenheit ihren eigenen Reiz. «Jeder, der hierherkommt, ist **glücklich**», hat man in der Touristeninformation bemerkt. «Und zwar glücklich, dass er nicht hier leben muss.»

Und das ist ja auch schon was. Für die anderen aber, für diejenigen, die hier leben müssen und die nicht als Pendler nach Braunschweig oder Berlin (eine Zugstunde entfernt) ausweichen, gibt es hochdosierte **Antidepressiva** und therapeutische Sitzungen, die von der Stadt oder vom Arbeitgeber bezahlt werden. Es gibt aber auch Menschen, denen das abendliche Fernsehprogramm reicht und die früh zu Bett gehen, statt durch leergefegte Straßen zu streifen. Sie finden in Wolfsburg ihren Frieden.

Besonders wenn sie nichts anderes gewohnt sind. Wenn sie also hier geboren wurden, ihre Grundschule und die weiterführende Schule hier besuchten, dann ihr Praktikum bei VW machten, um anschließend dort zu lernen, und die sich seither über die schwindende Zeit bis zur **Betriebsrente** freuen. Diesen beneidenswerten Menschen, den sogenannten *Wolzburgern*, reicht oft schon ein geringes Quantum Trosttropfen, um in den Schlaf zu sinken.

Sie benötigen nicht mehr Kultur als das **Outletcenter** und das Fitnessstudio, das Gartenfest beim Nachbarn oder das verfassungsmäßige Recht, mit dem Auto um den Block zu fahren. Sie sind glücklich mit dem lukullischen Angebot, aus dem *Mustis Imbiss*, *Orient Grill* und *Delikat Döner* hervorstechen. Obendrein gibt es eine werkseigene Currywurst mit werkseigenem Ketchup, an der allerdings auch die größten Fans sich nicht täglich erfreuen möchten.

Einige Touristen jedoch machen genau wegen dieser Wurst Station in Wobtown. Es gibt sie in der sogenannten **Autostadt**, dem Ausstellungs- und Auslieferungszentrum des VW-Werkes, von fern zu erkennen an den monumentalen Kraftwerksschornsteinen. In der Autostadt stehen zwei fünfzig Meter hohe verglaste Türme, aus denen fertige Wagen zu den abholenden Kunden transportiert werden. Man darf dabei zusehen. Es gibt auch eine Halle mit den Highlights der Automobilgeschichte. Und acht Pavillons, in denen die einzelnen VW-Untermarken von Skoda bis Bugatti präsentiert werden.

Doch die eigentliche Attraktion ist die faszinierende Dokumentation der **Tricksereien, Affären und Skandale**, mit deren bunter Vielfalt der Automobilkonzern alle Konkurrenten weltweit hinter sich lässt. Zu deren Präsentation haben sich Designer einiges einfallen lassen. Dutzende von Bildschirmen und Konsolen zeigen die **dunkle Seite der Macht** – vom uniformierten Diktator mit Bürstenschnauzer und Haartolle bis zu jenem kahlen Autokraten, der den Konzern laut Bewunderern «wie Nordkorea» oder «wie seine eigene Würstchenbude» regierte.

Von diabolischen Rauchschwaden umwabert, grüßt in einem anderen Raum eine kinetische Skulptur des als *Würger von Wolfsburg* zu Ruhm gekommenen José Ignacio López, der als Preisdrücker engagiert wurde und wegen Industriespionage aussortiert werden musste. Etwas weiter, auf einem versilberten Podest, thront Lopez' Nachfolger Francisco Javier Sanz, gegen den wenig später wegen persönlicher Bereicherung ermittelt werden musste.

Besonders lebendig und farbenfroh wird der Devisenskandal der neunziger Jahre dargestellt, samt Präsentation seiner inhaftierten Urheber, und natürlich die sogenannte **Opernballaffäre**, in die der damalige niedersächsische Ministerpräsident verwickelt war. Seine zwölftausend Euro teure Loge in Wien bezahlte der Autokonzern, um auf diese Weise die Kultur zu fördern.

Eine eigentümlich verfremdende Musik hüllt in einem Extra-Pavillon die Wachskopien jener **Abgeordneten** ein, die auf der Gehaltsliste des Konzerns standen. Die Versammlung übertrifft den

Aufmarsch chinesischer Tonkrieger. Schmiergeldaffären und Korruptionsaffären werden so spannend und anschaulich wie möglich inszeniert, mit überraschenden Farben, wabernden Klängen und bewegten Skulpturen. In dramatisches Zwielicht werden etwas weiter im Parcours die **lebensechten Puppen** getaucht, die den Betriebsrat darstellen.

Kein Besucher soll sich langweilen, auch wenn sich die Kette der Ungereimtheiten um Gehälter, Bestechungen, VIP-Karten und falsche eidesstattliche Versicherungen mit der Zeit zu ähneln beginnen. Es ist wohl die überwältigende Fülle der kriminellen Handlungen, die den Besucher in den Bann schlägt. Besonders beliebt – und leider oft überfüllt – ist der Pavillon, in dem die vom Konzern finanzierten **Bordellbesuche** von Betriebsräten und Abgeordneten dargestellt werden. Hier setzen die Designer ganz auf die sinnliche Nachvollziehbarkeit der Annehmlichkeiten. Geplant ist, dass die Genüsse – wie im Pavillon, der die Luxusreisen darstellt – bald in 3-D und taktil erfahrbar werden.

Insgesamt ist es die einmalige Verbindung von mafiösem Familienunternehmen und Staatskonzern mit Gewerkschaftsmacht, die diese großartige Ausstellung zu blühendem Leben erweckt. Der letzte Raum widmet sich ganz der Abgasmanipulation. Ein einheimischer **Konzeptkünstler** zeigt an einem astronomischen Modell, dass die Menge der manipulierten Wagen zweiunddreißigmal von der Erde zum Mond und zurück reichen würde.

Der verschwiegene Ausstoß an Stickoxiden würde genügen, um den Mond endlich mit einer eigenen Atmosphäre einzuhüllen. Allerdings würde sie kein Sonnenlicht mehr durchlassen, sodass unser geliebter Trabant unsichtbar wäre wie ein **ewiger Neumond**. Spaziergänge im Mondschein gäbe es dann nicht mehr. Mit Hilfe der Tochtergesellschaften von VW könnte sogar die Sonne verschwinden. «Es sind diese Aussichten», lächelt ein Aufpasser in dem Mond-Raum, «die unserer Stadt und ihren Besuchern Hoffnung machen.»

UNBELIEBTESTE GESCHENKARTIKEL: Kaffeebecher *Erlebnisstadt Wolfsburg,* Windlicht *Wolfsburg fasziniert* und Kühlschrankmagnet *Wolfsburg ist anziehend.*

DER SPREEWALD

Viele Menschen in unserer urbanisierten Gesellschaft haben es verlernt oder vergessen: Mücken sind wichtig. Mücken sind gut. Mücken haben eine unverzichtbare ökologische Funktion!

Im Spreewald wird das auf lebendige Weise am eigenen Leibe erfahrbar. Hier, eine gute Stunde südlich von der hektischen Großstadt Berlin, gelingt in idyllischer Stille zurzeit etwas Besonderes: die **Wiederansiedlung** selten gewordener und vom Aussterben **bedrohter Mückenarten**. Ähnlich wie südlich in der Lausitz der Wolf wieder heimisch geworden ist und lästige Schafbestände beseitigt, dürfen sich im Spreewald die lange verfemten Insekten wieder willkommen und wohl fühlen.

Besonders stolz sind die Wildhüter auf die Wiederkehr verschiedener wild lebender *Anopheles*-Arten, die einst durch Kanalisierung und Entsumpfung der Fließe vertrieben wurden. Dank Renaturierung und Neuversumpfung kehren sie in die angestammten Feuchtgebiete zurück. Hier dürfen sie endlich wieder ihrer Natur gemäß leben und sich **an Touristen sättigen**. Gerade die zart gebauten Weibchen sind es, die zum Eierlegen immer wieder Blutmahlzeiten zu sich nehmen müssen.

Da trifft es sich gut, dass sich so viele **blutreiche Berliner Rentnerinnen** durch die Fließe staken lassen. Für die Rentnerinnen selbst ist es schmerzlindernd, dass sie mit Schnäpschen und Likörchen einander zuprosten. Mit jedem Promille sinkt die Empfindlichkeit für Einstiche und Juckreiz. **Quaddeln** und Schwellungen allerdings kann der Alkohol nicht verhindern und schon gar nicht das, was die frei lebenden *Anopheles*-Mücken so wichtig und so einzigartig macht: die Übertragung winziger Fadenwürmer (*Filarien*) durch den Einstich, zudem die unentbehrliche Verbreitung des Denguefiebers sowie der **einst skrupellos ausgerotteten** Malaria.

«Durch menschliche Einflüsse wurden diese unschuldigen Erreger einst zurückgedrängt und vernichtet», erklärt ein Aufseher im Biosphärenreservat. «Erst heute erkennen wir: Sie sind bitter nötig für das ökologische Gleichgewicht!» Welcome back! Kenner wie die Park-Ranger vermögen die Mückenarten am **Sirren und Summen** zu unterscheiden, weil die Tonhöhe variiert. Sie schlagen gegebenenfalls auch mal zu. Doch die Witwenkähne, Spaßpaddler und Kanuten sind der berühmten **Schwarmintelligenz** der possierlichen Tierchen wehrlos ausgeliefert.

Und das ist gut so! «Unsere Auenniederung braucht für ihr Ökosystem jeden einzelnen Stich!», mahnt der Aufseher. Ebenso unverzichtbar sind die **Faulgase**, die aus der Biomasse des Reservats aufsteigen. Touristen glauben oft, bei dem Gestank handele es sich um Flatulenzen aus dem vor ihnen fahrenden Kahn. Schließlich schiebt sich in der Hochsaison ein vollbesetztes Boot hinter dem anderen durch die Kanäle. Und tatsächlich: «Wer von den berüchtigten **Spreewaldgurken** kostet, flatuliert anschließend ganz beträchtlich», räumt der Experte ein. «Doch die meisten Faulgase entstammen dem natürlichen Aasgeruch der Fließe.»

Das Einatmen gilt als gesund. Was hingegen die Gurken betrifft, raten Fachleute dazu, sie erst *nach* einer Kahnfahrt zu probieren – wenn es denn überhaupt sein muss. Besser als im Sitzen können die auftretenden Gase dann im Gehen oder beim Fahrradfahren **abgeführt** werden, etwa auf dem speziell für diese Zwecke angelegten und ausgeschilderten *Gurkenradweg*. «Nach dem Gurkenverzehr wird der gewöhnliche Pedalantrieb bald durch den Rückstoß ent-

scheidend verstärkt», meldet der lokale Fahrradverein. «Im Spreewald werden hohe Geschwindigkeiten erreicht!»

WISSENSWERTES: «Es stimmt nicht, was immer gesagt
wird: dass die Leute hier so sauer seien und so muffig wie ihre
eingeweckten Gurken. Sie sehen lediglich so aus.» – *Willibald
von Schulenburg, Volkskundler*
BELIEBTESTE HOTSPOTS: Spätkauf «Zum guten
Schluck», Friseursalon «Schick».

BAD REICHENHALL

Vor dreißig Jahren ging es den sogenannten *Heil- und Kurorten* noch richtig gut. Gefüttert von den Krankenkassen, planschten Kurgäste vormittags in «offenen Badekuren», ließen sich rundum massieren und gurgelten mit **Heilwasser**, um sich am Nachmittag in den Tortencafés und abends in den Restaurants der Orte für dergleichen Qualen zu trösten.

Der durchschnittliche Kilogewinn betrug in vierzehn Tagen ein Drittel des angereisten Körpergewichts. Wer noch nicht Diabetiker war, wurde es im Kurort. Die üppig feilgebotenen Marzipantorten, Nougatherzen, Schokoladenpasteten und **Mozartkugeln** ermöglichen diesen Schritt auch heute noch, gerade in Bad Reichenhall, nur leider nicht mehr auf Staatskosten.

Pünktlich zum hundertsten Geburtstag des Kurortes 1990 wurde eine kostendämpfende Gesundheitsreform in Gang gesetzt, in mehreren Stufen, von denen jede stimmungssenkender war als die vorhergehende. Reha-Zeiten wurden gekürzt, Zuschüsse gekappt und zahllose **Kurmittel** einer strengen Prüfung unterzogen. Am Ende der Prüfung blieb nichts mehr übrig, das die Prüfer als heilsam anerkennen wollten.

Seither verfallen die Kurorte. Es kam zu *Belegungseinbrüchen*. Damit ist nicht das einst übliche **Einbrechen der Bettgestelle** unter den gemästeten Übernachtungsgästen gemeint, sondern das Ausbleiben dieser Gäste von vorneherein. Reichenhall ist dafür ein jammervolles Beispiel. Die Kurorte müssten weg von der Monostruktur, hieß es damals. Doch Reichenhall verfügte bereits über Alternativen: eine Seilbahn, eine Spielbank sowie eine **Buslinie nach Salzburg**. Die wollte kaum jemand nutzen; jetzt korrodieren sie und offenbaren den allgemeinen Sanierungsstau.

Das Angebot im «präventiven Bereich» solle verbreitert werden, empfahl die Regierung. Doch schnell zeigte sich, dass an Prävention niemand interessiert war, sofern er selbst dafür zahlen musste. Und schließlich sollte die Gruppe der **Selbstzahler** verstärkt umworben werden. Das geschah. Und tatsächlich kamen und kommen auch Selbstzahler nach Reichenhall.

Sie kommen allerdings nur, weil sie es von früher kennen. Weil sie hier nicht gerade jung waren, aber zweifellos jünger als jetzt. Sie kommen, weil sie eine Annonce gesehen haben: «Suche meine charmante Tischnachbarin aus dem **Speisesaal B** der Klinik, Hüfte links, Tisch drei am Fenster», verbunden mit einer weit zurückreichenden Jahresangabe. Und vielleicht ergibt sich ja noch mal was mit dem Herrn von damals, dessen Schnurrbart mittlerweile ergraut sein müsste – oder war es der Schwerhörige mit den buschigen Augenbrauen, der jetzt vielleicht gar nichts mehr hört?

Es sei aufbauend, durch Bad Reichenhall zu wandeln, erklärt der jährlich hier spazierende Berliner Seniorendichter Simon Traston. «Hier fühlt man sich mit achtzig noch richtig elastisch angesichts der umherschleichenden Älteren.» Viele werden auch geschoben, über die asphaltierten Wege im Kurpark. Sie fühlen sich gut aufgehoben in dieser Umgebung und spüren eine Solidarität mit den vielen **Ruinen**, die – wie das *Gradierwerk* oder die *Alte Saline* – als Industriedenkmale ausgegeben werden.

Die Senioren verzichten meist auf das *Rupertusbad*, das von schwimmflügeligen Kindern besetzt ist, von lauter lärmenden Wonneproppen, deren flüssiger Output aus dem mäßig temperierten Wasser eine echte **naturwarme Therme** macht. Diese schöpferische Mitarbeit der Kinder zeigt, dass die Kurverwaltung sich einiges einfallen lässt, um den Ort auch für jüngere Menschen attraktiv zu gestalten.

Ein weiterer beglückender Schritt in dieser Richtung – freilich für etwas ältere junge Menschen – war jüngst ein sommerlicher *Maskenball für Erwachsene* im **Kurhaus**. Mit Peitschen und Fesselwerkzeugen wurden alte Kurtraditionen aufgegriffen und in separierten Betten zum Höhepunkt gebracht. Sogar das Finanzministerium als Mehrheitsgesellschafter wurde neugierig und forderte einen Bericht an, «damit unsere Beamten auch mal was Anregendes lesen».

Mit solch zukunftsorientierten Aktionen versucht die Stadt, ihr Image aufzubessern. Es hatte zuletzt ein wenig gelitten, etwa unter einem in der Nacht des WM-Finales mordenden Soldaten (ein Toter), unter einem Amoklauf (fünf Tote) und unter dem Einsturz einer sanierungsgestauten Eishalle (fünfzehn Tote). Von solchen Schlagzeilen möchte man weg. Der morbide Charme der Stadt soll wieder in den Vordergrund rücken.

WICHTIGSTE SEHENSWÜRDIGKEIT: *Café Reber*, das die Mozart-Kugeln nicht erfunden, aber am besten verwertet hat und musischen Einfallsreichtum beweist mit seinen *Constanze-Mozart-Kugeln, Mozart-Pasteten, Wolfgang-&-Constanze-Mozart-Herzen, Mozart-Schokis* und *Mozart-Praliné-Riegeln*.

EMPFOHLENES MITBRINGSEL: Bad Reichenhaller Markensalz. Alternative: Bad Reichenhaller Jodsalz, Bad Reichenhaller Kräutersalz, Bad Reichenhaller Knoblauchsalz, Bad Reichenhaller Tomatensalz und für Feinschmecker Bad Reichenhaller Nitritpökelsalz.

EDERSEE UND KELLERWALD

Vor ein paar Jahren ist der Kellerwald offiziell zum Nationalpark erklärt worden. Ein paar Waschbären sollen zur Feier gekommen sein. Leute eher weniger. Das Gebiet bleibt unterschätzt. Schade. Zwar ist es mit öffentlichen Verkehrsmitteln nicht erreichbar. Aber man kann ja Auto fahren. Oder, wie viele **Skatvereine** und Seniorengruppen es tun, selbst einen Bus mieten und die Verpflegung mitbringen.

Tourismus gibt es nur am nördlichen Rand, rund um den wurstzipfeligen Edersee. Das ist ein hundert Jahre alter **Stausee**, dessen erste Staumauer immerhin dreißig Jahre hielt; die jetzige hat es sogar schon auf siebzig Jahre gebracht, und die Risse verbreitern sich nur langsam. Eine verkehrsreiche Straße – die Ederseerandstraße – begrenzt das nördliche Ufer. Sie ist beliebt bei Bikern, Trikern und Rennradlern und nicht so beliebt bei Fußgängern, die sie zu überqueren versuchen.

Doch keineswegs alle Unfälle hier gehen, wie immer geunkt wird, tödlich aus. Oft bleibt es bei einem **Schädel-Hirn-Trauma**. Und zuweilen gelingt es sogar ein paar Abenteurern, hinüberzugelangen auf die andere Seite und womöglich hinunter zum Seeufer. Vielleicht wollen sie schwimmen oder Boot fahren oder tauchen oder die Füße vom Steg baumeln lassen. Doch das geht nicht. Am Wasser machen solche Eindringlinge unweigerlich Bekanntschaft mit Campern, die sich mit **Grillzangen** und Gasverpuffungen zur Wehr setzen. Das gesamte Seeufer – bis auf die hässlichen Stellen – gehört verschiedenen Campingclubs, die sich in der Saison ungern stören lassen.

Südlich des Sees, im Kellerwald, gibt es diese Schwierigkeiten nicht. Dafür ganz andere. Seit der Wald in die Liste des Weltnaturerbes aufgenommen wurde, sind hier viele neue Stellen geschaffen worden, für sogenannte NPFs. Das sind abgekürzte Naturparkführer, die sich für ihre schlechte Bezahlung rächen, indem sie unschuldige Spaziergänger abfangen, um ihnen unaufgefordert **Pilzmyzele** oder die Jahresringe von Bäumen zu erklären und das Artensterben zu beklagen.

Egal, ob auf dem *Jägersteig* oder auf dem *Urwaldsteig,* auf der *Herrmannshöhe* oder dem *Lichtenfelser Panoramaweg* – es ist so gut wie unmöglich, ihnen zu entgehen. Sie biegen überraschend um die Ecke oder klettern heiter von einer Beobachtungskanzel, versperren den Weg und weisen auf **Flechten und Moose** hin, die man gern übersehen hätte. Sie deuten auf öde Steinhaufen («keltisch»), beginnen mit historischen Erläuterungen, lamentieren über Erosion oder gefährdete Waldwiesen, ziehen zum Beweis gepresste Eichenblätter aus der Tasche oder lesen Hirschkäfer vom Weg auf, um die aufgehaltenen Wanderer für den **Nachhaltigkeitsgedanken** zu sensibilisieren.

Sie nennen sich NPF Florian oder NPF Julia und kommen niemals auf den Gedanken, dass sie selbst der Grund sein könnten, weshalb der Nationalpark **weiträumig umfahren** wird. Oder ist Abschreckung am Ende der tiefere Grund ihres Auftretens? Die Lebensgemeinschaften und Stoffkreisläufe und Wechselwirkungen sollen ja möglichst nicht behelligt werden.

Nutznießer der Störungsfreiheit ist der putzige Waldbewohner, dessen Vorfahren hier einst ihre Existenz gründen durften. Zwar haben PR-Berater dem Nationalpark ein anderes Maskottchen verschrieben, den sogenannten *Boggel,* eine giftgrüne Variante des

Flugelefanten *Dumbo*. Doch das authentische Wahrzeichen ist das Tier, dem das unbedrohte Leben ohne Feinde hier am besten gefällt: der **Waschbär**. In Mitteleuropa war er unbekannt, bis im April 1934 zwei importierte Paare von ökologisch orientierten Forstleuten am Edersee ausgesetzt wurden. Die Bärchen schlugen sich in den Wald und kehren jetzt vervielfältigt daraus zurück.

Sie sehen liebenswert aus in ihrer tolpatschigen Pummeligkeit, mit dem schwarz-weiß geringelten Schwänzchen, den kleinen Pfoten, der süßen Nase, den Schnurrhaaren und den großen Augen in einer **Zorromaske** aus Fell. Im Wald verzehren sie kleine Tiere und Vogeleier, gern auch die Vögel selbst (aus Bequemlichkeit leicht erreichbare wie Uhu, Kiebitz oder Ente) oder auch mal eine lahme Sumpfschildkröte.

Damit die Waschbären sich in Gärten und Häusern ebenso wohlfühlen – denn dahin zieht es sie jetzt –, sollten ein paar einfache Hinweise beachtet werden. So müssen **Mülltonnen** *immer leicht geöffnet* bleiben, denn der Waschbär ist ein exzellenter Mülltrenner. Er trennt Essbares von echtem Restmüll und setzt so ein Zeichen gegen die Verschwendung von uns Menschen. **Regenrohre** am Haus sollten um seinetwillen *nicht aus glattem Material* bestehen, denn er benötigt Halt beim Klettern. Und wenn die **Luken** *ein wenig offen stehen*, muss er nicht extra Dachpfannen anheben, um in seinen natürlichen Lebensraum zu gelangen, den Dachboden. Dass er sich dort oben wohlfühlt, ist am gemütlichen Poltern zu erkennen, das er veranstaltet, zuerst beim Nestbau, später bei der Aufzucht der liebenswerten Jungen.

Rund um den Kellerwald leben die Menschen längst mit dem kleinen Racker (*Racoon* auf Englisch) und nehmen es gern hin, dass mal ein bisschen Urin durch die Zimmerdecke tropft. So etwas gehört einfach zum **Ökosystem**. Zwar steht der Waschbär nicht mehr ganz vorn auf der Liste der bedrohten Arten, eher im Gegenteil.

Trotzdem geraten Hausbesitzer in einen Konflikt, wenn der Fressnapf ihres geliebten Hundes im Garten steht und ein Waschbär davon zu naschen beginnt. Der Hund möchte womöglich seinen Napf verteidigen. Da heißt es: Waschbär oder Hund? Wenn es **im Einklang mit der Natur** gehen soll, frisst nach kurzem Kampf der Waschbär. Der Hund kann aber sofort im Garten begraben werden.

Es soll nicht verschwiegen werden – Waschbären haben scharfe Klauen und Zähne, und sie können überraschend aggressiv werden. Es liegt an uns Menschen, sie friedlich zu stimmen und auf die Vorteile einer **veganen Ernährung** hinzuweisen (Blutdrucksenkung, geringeres Infarktrisiko, schlankere Figur).

Viele Menschen rund um Kellerwald und Edersee schlagen indes einen anderen Weg ein. Weil die geschätzte Population mittlerweile in die Hunderttausende geht, betrachten sie Waschbären wie Wildschweine oder Hasen als **jagdbares Wild**. Und tatsächlich ist die Jagd erlaubt. Deshalb schmecken rund um das Naturschutzgebiet und den Edersee die Würste oder Eintöpfe oft ein wenig exotisch.

«Viele Menschen essen gern Waschbärfleisch, aber nur wenn es anders heißt», erklärt ein Spitzenkoch, der ungenannt bleiben möchte. «Dabei ist Waschbärfleisch eine Delikatesse, wenn es mit Honig, Apfelwein und Preiselbeeren geschmort wird.» Und das wird es. Die Keule wird geschmort, Filet und Rücken werden **kurz angebraten**. In Nordamerika ist das längst üblich. Leckere «Racoon Recipes» stehen im Netz zur Verfügung. Der Hobbykoch wird vielleicht erst mal das rund um den Kellerwald angebotene Würzfleisch oder Gulasch probieren und dann entscheiden. Mit etwas Glück überfährt er eines der nachtaktiven Tiere auf dem Rückweg. «Das ist immer noch die bequemste Art der Jagd und der schnellste Weg auf den Teller.»

DIE WICHTIGSTEN SEHENSWÜRDIGKEITEN

* Figurengruppe «Schneewittchen und die sieben Zwerge» in Bad Wildungen.
* Kellerwaldturm mit zahlreichen Antennen und dem besten Handyempfang.
* Senioren-Spielpark in Reinhardshausen; zuschauen oder mitfilmen, hier entstehen die Videos für die Pannenshow.

MÖGLICHKEIT ZUM ABSERVIEREN LÄSTIGER MITREISENDER

Der Ökolehrpfad zwischen Bergfreiheit und der Enklave Fischbach (fünf Kilometer). «Und mach unbedingt die Führung durchs Besucherbergwerk mit, Tante Vanessa!» Die ist erst mal weg, mit etwas Glück für immer.

HUSUM UND DAS WATTENMEER

Einige Reisende berichten, Husum sei gar nicht so grau. Zumindest nicht immer. An manchen Tagen im hohen Sommer sei die Stadt geradezu bunt, zum Beispiel in der kleinen Shoppingzone und bei McDonald's.

Und das stimmt! Es gibt ja sogar Häuser, die farbig angestrichen sind! Die gab es schon zu Zeiten des Heimatdichters Theodor Storm, dem die Stadt ihr ewig graues Image verdankt. Doch mit dem Grau in «graue Stadt am Meer» meinte Storm nicht die Häuser, sondern die Menschen. Er meinte ihre **fahlen Gesichter** und ihr **bleiernes Gemüt**. Er meinte die Farbe ihrer Leber nach jahrelanger Zufuhr **hochprozentiger Betäubungsmittel**. Wer schwere Flüssigkeiten nicht verträgt, muss weg aus Husum, muss weg von der Küste. Storm zog ins Landesinnere. Er ertrug nicht all diese Nässe, diesen Nebel, diesen Regen, diesen Wind.

«Der Bürger braucht gute Nerven, um hier durchzuhalten», heißt es im Goldenen Buch der Stadt, «doch vor allem braucht er eine gute Leber.» Neugierigen Besuchern wird oft der *Kulturpfad* empfohlen, der die wichtigsten **Raucherkneipen** und Abfüllstationen miteinander verbindet, doch auch das bröckelnde Storm-Haus und den **Friedhof** mit einschließt.

Wer keinen Schirm hat, begibt sich allerdings besser – wenn auch seufzend – ins Nordsee-Museum. Hier wird auf drei Geschossen alles gezeigt, was schon immer niemand wissen wollte über Ebbe, Flut und strohgedeckte Häuser. Das Museum ist im sogenannten

Nissen-Haus untergebracht, das nach den kleinen bräunlichen Eiern (*Nissen*) benannt ist, die von Kopfläusen in ungewaschenem Haar abgelegt werden.

Den Nordfriesen dienten die gehaltvollen Nissen als **Nahrung** in kärglicher Zeit. Das erforderte Aufmerksamkeit, denn die Eier mussten **kurz vor dem Schlüpfen** der Läuse verzehrt werden. Angeblich ist das vorbei, seit Geld mit dem Tourismus verdient wird, also seit arglose Menschen angelockt und zum Wattwandern und Krabbenpulen genötigt werden.

Wattwanderungen werden barfuß absolviert, zumeist bei Ebbe. Sie widmen sich einer Landschaft, die sich seit dreißig Jahren offiziell *Weltnaturödnis* nennen darf und die von Tankerkapitänen zum *Nationalparkplatz Wattenmeer* ausgerufen wurde.

Den mitwandernden Barfüßlern erklärt ein geschulter Wattführer die faszinierende Welt der Wattwürmer, der Miesmuscheln und des **Blasentangs**. Er weiß außerdem, wo die tiefsten Priele entlangführen, jene Wasserläufe, die bei Flut am schnellsten volllaufen.

Die reißende Strömung, die bei steigendem Wasser in den Prielen entsteht, hat den Einheimischen seit Urzeiten dazu gedient, vom staubgrauen, mausgrauen, aschgrauen Leben an Land Abschied zu nehmen. Früher warfen sie sich mit dem Ruf *Lever duad as slavles* in die Fluten («lieber tot als schlaflos»). Heute scheiden sie möglichst leise, um nicht in letzter Minute gerettet zu werden. Der ausgebildete Wattführer zeigt gern die bevorzugten Stellen.

Sein Wissen als **Form der passiven Sterbehilfe** gilt heute als wichtigster Anziehungsgrund für Wattwanderungen. «Lassen Sie die Seele am einzigen Platz baumeln, wo sie wirklich baumeln darf», wirbt ein Wattführer im Heftchen für Nordseetourismus, «im Jenseits».

Vorher müssen aber unbedingt noch **Krabben** gepult werden. Das ist Touristenpflicht. Die kleinen Krabben mögen noch so sehr paddeln, sie werden von motorisierten Kuttern gnadenlos aus dem Meer gefischt und brutal an Bord in Seewasser totgekocht. Tierschutzorganisationen haben vergeblich gegen das millionenfache Töten protestiert, bei dem sich die kleinen Tierchen herzerweichend krümmen. Obendrein werden sie mit Benzoesäure übergossen, damit sie auf keinen Fall wieder wach werden und in ihrer Totenstarre lange haltbar bleiben.

Und dann werden sie geschält, heutzutage in Polen und Weißrussland. Von dort kehren sie in **schadhaften Kühllastern** zurück. Eine kleine Menge toter Krabben wird jedoch auch in den nordfriesischen Häfen verkauft, häufig vom Bord des Kutters. Touristen finden das urtümlich, und das ist es auch. Denn hier muss gepult werden. Dazu bitte Kopf und Anus des kleinen Wesens zwischen zwei Finger nehmen und den Schalenpanzer in der Mitte knicken, sodass es leise knackt, dann mit einer **Schraubbewegung** zu beiden Seiten abziehen. Falls die Krabbe sich noch bewegt: rasch ins **Genick** beißen. Übrigens handelt es sich bei der Nordseekrabbe zoologisch um einen Zehnfußkrebs. Und tatsächlich bevorzugen Gourmets die zehn Füße, von denen die Vorderläufe am leckersten sind. An den Hinterfüßen klebt oft noch was anderes dran.

Tierschützer führen ins Feld, dass der massenhafte Fang von Fischen und Krebsen den Vögeln schadet. Ihnen werde das Futter genommen. Aber ist das so schlimm? Nein. Nicht mehr, seit Husum sich als **Zentrum der Windindustrie** ausgibt. Denn seit Windkraftanlagen die ehemals flache Marschlandschaft in einen einförmigen Kunstwald verwandelt hat, nimmt die Zahl hungriger Vögel rasch ab. Unsere ehemaligen gefiederten Freunde werden von den Rotorblättern nicht gerade geschreddert, aber doch wirksam totgeschlagen. Besonders wenn Millionen von Migrantenvögeln (früher fälschlich *Zugvögel*) auf den Salzwiesen Zuflucht suchen, laufen die Windräder auf Hochtouren, um die Tiere durch Luftverwirbelungen **vom Kurs abzubringen** und ihre unschuldige Migration für immer zu beenden.

In den nahen Häusern hört man noch ihre Schreie, wenn sie abstürzen, was dem Vers von Theodor Storm die Bedeutung einer Vision verleiht: «Die Wandergans **mit hartem Schrei** nur fliegt in Herbstesnacht vorbei.» Früher glaubten Forscher, der Reim habe sich auf Storms Gymnastiklehrerin bezogen, die in ihn verliebt war. Diese Dame namens Inken Wander taufte er *Wander-Gans*, weil sie nachts betrunken an seinem Haus vorübertorkelte und nach ihm rief. Daher die ursprüngliche Fassung: «Die Wandergans mit hartem Schrei wankt in der Herbstesnacht vorbei.»

Heute scheint sich Storms dunkler Vers auf die Migranten unter den Vögeln zu beziehen, die zur Energiegewinnung abgeschlachtet werden und mit einem letzten Schrei hart aufschlagen. Damit es nicht mehr so viele Zeugen gibt, werden die stählernen Wälder der Windkraftanlagen jetzt aufs Meer verlagert, in *Offshore-Parks*. Die Fische freuen sich schon auf die herabregnende Nahrung.

Ein Teil davon wird auch in der bunten Shoppingzone serviert. Wer davon kostet, wird schnell aschgrau.

SCHÖNSTE JAHRESZEIT: Februar.

REGIONAL & UNVERDAULICH: Deichkäse und Milch von unglücklichen Kühen. Auf den Marschwiesen stehen die Kühe bis zu den Schultern im Nebel und sehen nicht, was sie fressen. Leider schmeckt man das.

SEHENSWERT: Die Statue einer jungen Fischersfrau auf dem Marktbrunnen. Sie schaut beklommen aufs Meer, in der Furcht, ihr Mann könne verfrüht zurückkehren.

DIE ~~LÜNEBURGER HEIDE~~

Jahrzehntelang gehörten Kutschfahrten zu den Hauptattraktionen der Lüneburger Heide. Warum nur? Weil der Kutscher aufregende Geheimnisse verriet, wenn er von Urstromtälern und Eiszeiten nuschelte und von Sand und **Lehm und Mergelschichten**?

Eher nicht. Oder weil die Gäste in dem knarrenden Leiterwagen bequem gesessen hätten? Erst recht nicht. Oder womöglich, weil die Landschaft im **Naturschutzgebiet** auf eine sogenannte *raue* oder *spröde* Art faszinierend gewesen wäre? Das am allerwenigsten. Diese Landschaft war und ist immer noch so, wie *Heinrich Heine* sie zum Vergleich heranzog, in seiner Schilderung der *Freifrau von Hohenhausen*: «Ihr Busen war so flach und trostlos öde wie die Lüneburger Heide.»

Und trotzdem waren die Kutschfahrten attraktiv. Weil es was zu trinken gab! Reichlich Bier und reichlich Korn! Man durfte sich die bleierne Ödnis schön trinken. Man wurde sogar dazu gedrängt. Die regionalen Touristikmanager wussten längst, was ferne Richter aus Unerfahrenheit nicht wissen können: Erst ab **vier Promille** wird die Aussicht auf braunes Kraut, Heidschnucken und Wacholder annähernd erträglich. Der Blick muss glasig sein.

Doch es sind uneingeweihte Richter, die jetzt per Klage aufgefordert worden sind, den rustikalen Gaststätten am Rand des Naturschutzgebietes Recht zu geben: Nur bei ihnen, bei den Gastwirten mit den Pferdehalftern an der Wand, soll jetzt noch Trost ausgeschenkt werden. Nicht mehr in den über graue Sandwege ächzenden Wagen. Wird das Urteil bestätigt, geht das Interesse an Kutschfahrten noch radikaler zurück als jetzt schon. Niemand mehr will noch den **Wilseder Berg** sehen, «die höchste Erhebung Norddeutschlands» (161 Meter), von dessen plattem Rücken aus man die Depression in ihrer ganzen Ausbreitung überschauen kann.

Schluss. Die Heidetouristen halten sich bereits jetzt lieber in den Wirtschaften am Rande auf, an den Holztischen mit den erdfarbenen Tischdecken (nebst gehäkelter Zierkante und über Eck gelegtem weißem Schutzdeckchen), unter Gemälden von äsenden Schäfern und **schmauchenden Heidschnucken** oder umgekehrt. Sie sedieren ihre mitgebrachte Dumpfheit. Oder sie bleiben gleich im klimaversiegelten *Center Parc* bei Bispingen, in dem es alles gibt, Palmen, Sandstrand, Badefreuden, nur eben keine Lüneburger Heide. «Die Leute wissen schon, warum sie da nicht rauskommen», seufzt der Behringer Tourismusexperte Joachim Grobe.

Lediglich Senioren irren manchmal noch durchs lilabraune Kraut am Straßenrand und suchen schützende Wacholderbüsche, und zwar jedes Mal dann, wenn das Klo in ihrem Reisebus wegen Verstopfung gesperrt ist. Ziemlich sicher handelt es sich bei ihnen um Rentner auf **Erlebnisfahrt mit Teilnahmemöglichkeit** an einer interessanten Werbeverkaufsveranstaltung. Im reservierten Hinterzimmer eines Dorfkrugs, mit Maggi-Flasche und Zahnstochern auf dem Tisch, bekommen sie Schlüsselanhänger mit Heidemotiv geschenkt. Aber nur, wenn sie zuvor bei den exklusiven Sonderangeboten zugegriffen haben! Früher waren das immer Heizdecken und Schnuckenfelle, heute sind es Cantharidenpflaster, Kräuterkissen, Stutenmilch, eisenhaltige Gummifolien gegen Ischias, Kupferarmbänder gegen Herzbeschwerden, **Gelee aus Kalbsfüßen** und Pastillen aus neuseeländischen Grünlippenmuscheln und feinstoffliche Wundersprays, glücklicherweise alles zum extra spezialreduzierten Freundschaftspreis.

Wem das nicht hilft, für den gibt es wenige Kilometer entfernt den *Totengrund*, in dem möglicherweise einst Herdenhunde ihre Knochen verbuddelten und der jetzt übergeht in den ausgedehnten *Friedwald*, in dem seit zehn Jahren **kompostierbare Urnen** vergraben werden. Leider noch immer nicht erlaubt ist die beantragte *Flugbestattung* (die Asche wird aus dem Helikopter über dem Naturschutzgebiet ausgestreut und legt sich auf die letzten verbliebenen Kutschfahrer). Ja, nicht einmal die harmlose *Windbestattung* vom Wilseder Berg aus wurde genehmigt – die Asche wird aus der Urne geworfen und von der Brise fortgetragen, meist in die Augen der Trauergemeinde, sodass sich **echte Tränen** bilden.

Einzige Einnahmequelle der Försterei bleibt also die Baumbestattung, bei der die Urne am Wurzelstock des auserwählten Baumes versenkt wird. Eine halbwegs stattliche Buche am Wegesrand kostet fünftausend Euro Pacht für **neunundneunzig Jahre**. Klingt teuer, ist aber günstig, weil zehn Verwandte unter dem Baum Platz finden, sofern sie zuvor im Krematorium auf ihre Essenz reduziert wurden. Als größter Vorteil des *Friedwaldes* gilt, dass niemand merkt, ob das Grab jemals besucht wird oder nicht. Es sieht immer gleichermaßen vernachlässigt aus.

Die Lüneburger Heide sei voller Leben, meinte vor einem Jahrhundert ihr letzter Lobsänger, der stets gründlich alkoholisierte Poet **Hermann Löns**. «Wer den Wacholderstolz nicht ehrt, ist des Wortes Mann nicht wert», reimte er, und «Victoria, ich bin versessen, von deinem Heidekraut zu essen» oder «Seh' ich jene Schnucke prunken, bin ich halb schon hingesunken.»

Das waren hochprozentige, optimistische Zeiten. Heute gilt eher, was dem Dichterkollegen *Gottfried Benn* einfiel. In einer Phase tiefster Niedergeschlagenheit notierte er: «Alles ist Lüneburger Heide – lila und unfruchtbar.»

BELIEBTESTE SOUVENIRS: Teelichthalter aus geschnitzten Tannenzapfen, Duftkerzen, Saunasteine, Feuerzeuge mit Motiv *Schönes Undeloh.*

HERAUSRAGENDE BAUWERKE: Container «Weißglas», «Grünglas», «Braunglas», leider oft etwas vernachlässigt am Ortsausgang.

DIE LAUSITZ

Die Lausitz würde in diesem Buch nicht auftauchen, würde sie nicht eines der größten Wunder deutschen Artenschutzes herzeigen können: den **Wolf**. In Märchen verleumdet, in Liedern verunglimpft, einst zu Unrecht vertrieben, ist er endlich in das einzige europäische Land zurückgekehrt, in dem er sich sicher fühlen darf. Hier, **in der weiten Ödnis** zwischen Cottbus und Zittau, hat er sich zuallererst wieder ans Licht gewagt, anfangs noch scheu und furchtsam, bald mutiger, als ihm signalisiert wurde, er sei herzlich willkommen und könne sich auf ein Rundum-Sorglos-Paket freuen.

Inzwischen traut er sich auch in die Dörfer und die kleinen Städte. Leider findet er in der Lausitz typischerweise das vor, womit er auch im Märchen vorlieb nehmen musste: **Großmütter**. Und die sind auch heute noch keine Leckerbissen, ganz im Gegenteil, künstliche Hüften und Herzschrittmacher sind selbst für ein mit Reißzähnen ausgestattetes Tier schwer genießbar. Solange dem Wolf nicht die **Kindergärten** zugänglich gemacht werden – im selbst ernannten *Wolfserwartungsland* Brandenburg denkt man über die Freigabe wenigstens der Waldkindergärten nach –, muss er mit Hühnern, Hunden, Schafen, Kälbern, Fohlen vorliebnehmen.

Die Vermieter von Ferienhäusern hatten ihn nicht vermisst und erweisen sich jetzt als **schlechte Verlierer**. Angeblich stornieren Urlauber ihre Buchungen aus Furcht vor unheimlichen Begegnungen mit zähnefletschenden Rudeln. Auch Jäger, Landeigentümer, Bauern lassen es an Begeisterung fehlen. Vor den umfangreichen **Fördermaßnahmen** für den Wolf sind sie nicht befragt worden. Dieser Umstand lässt sich jedoch erklären. «Kompetente Leute mögen wir nicht», verrät der Nieskyer Wolfsbeauftragte Konrad Hänsel (Name von der Redaktion beibehalten).

Und es gibt auch keinen echten Grund für Missfallen und Furcht. Der Wolf gehört zu Deutschland. Schwer vorzustellen, wie man über hundert Jahre ohne ihn auskommen konnte. Die Artenschutzbeauftragten und Wolfsmanager der Lausitz haben **Tipps** zusammengestellt, die besorgten Wanderern **Mut machen** im Umgang mit dem Raubtier, das in einigen Fällen auch auf seinen lateinischen Namen *Canis Lupus* hört, aber nur bei Tollwut.

Einige Ratschläge richten sich an die Halter von Hühnern, Gänsen, Schafen, Kühen, Rindern, die oft zu selbstsüchtig oder zu geizig sind, ihre Tiere dem Wolf darzubieten. Ihnen wird nahegelegt, teure Herdenschutzhunde zu erwerben statt der bisherigen schwächlichen Hütehunde. Vorteil der kampflustigen Herdenschutzhunde: Sie verteidigen die Herde nicht nur gegen Wölfe, sondern noch viel lieber gegen Spaziergänger. Ebenfalls effektiv sind **Elektrozäune**. Sie kosten zwar viel, sind jedoch ein hübscher Blickfang, etwa wenn ein Deich (für Schafherden) auf ganzer Länge eingezäunt wird. Tüchtige Schäfer sollten das schaffen.

Besonders beherzigenswert sind natürlich die Tipps für gewöhnliche Spaziergänger. Zwar betrachtet – das ist die schlechte Nachricht – der Wolf jegliches **Joggen, Radfahren und Pilzesammeln** in seinem Revier als Provokation. Und als Revier betrachtet er eine Fläche von rund zweihundert Quadratkilometern, was schnelles Ausweichen schwierig macht. Doch hier ist die gute Nachricht: Der Mensch gehört nicht in sein Beuteschema! Nie. Oder nur ganz selten. Ausnahmsweise. Ein Wanderer kann den Wolf gewöhnlich irritieren und verscheuchen, durch lautes Händeklatschen oder lautes Rufen.

Wenn der Wolf sich dennoch nähert, will er **nur spielen**. Vielleicht hat er das Händeklatschen auch als Beifall missverstanden und das Rufen als Teil der **Willkommenskultur** interpretiert. Hunde und in dunkle Mäntel gehüllte Wanderer hält er zudem fälschlich für Paarungspartner. In so einem Fall ist es ratsam, **nur zum Schein** mitzumachen. Der Versuch, aktiv mit ihm zu spielen, wird nicht empfohlen, weil zum Spiel eines Wolfes das herzhafte Zubeißen gehört.

Wer kleinwüchsig ist, sollte sich groß machen. Wer bereits groß ist, sollte sich noch größer machen. Das müsste den Wolf beeindrucken. Andernfalls mag es helfen, ihn mit Knüppeln und Steinen zu bewerfen, von denen jeder Lausitzurlauber stets einen Vorrat bei sich trägt. Auch **Pfefferspray** ist von Nutzen.

Zum Wegrennen wird nicht geraten. Es würde den Jagdinstinkt des Tieres wecken und streunende Artgenossen anlocken. Der Wolf jagt leider weder nach dem Tierschutzrecht, noch sind ihm die **Menschenrechte** hinreichend vertraut (Stand Juni 2016). Falls er also anspringt, zubeißt und, wie es die *Richtlinie Wolf* beschreibt, «zu reißen beginnt», gilt es ruhig und besonnen zu reagieren und vor allem an den **Artenschutz** zu denken. Nicht jedes menschliche Körperteil ist unverzichtbar!

Für Eltern mag es wissenswert sein, dass Wölfe in **harten Wintern** nicht sonderlich wählerisch sind. Auch dicke, hässliche und Brillen tragende Kinder (ab drei Dioptrien) sollten dann nicht vor die Tür gehen. «Vor allem ADHS-Kinder erwecken unweigerlich die Aufmerksamkeit der pirschenden Tiere», warnen die Wolfsmanager. «Doch hier liegt auch eine Chance!»

Wir haben verstanden. Aber nicht alle Eltern wollen ihre Blagen auf diese Weise loswerden. Interessanterweise haben sich in der

Lausitz und in anderen Wolfswillkommenslandschaften einige Freitodberater niedergelassen, die ein *Hinübergehen im Einklang mit der Natur* versprechen. Hier ist **Skepsis** geboten! Diese Berater möchten von der Verschärfung der deutschen Sterbehilfegesetze profitieren, die glücklicherweise einhergeht mit der nachlassenden Scheu und dem zunehmenden Hunger des Wolfes.

Die meisten Berater setzen als Lockmittel kindgroße Puppen mit **roten Mützen** ein. Angeblich ist im kulturellen Gedächtnis des Tieres das Märchen vom Rotkäppchen tief verankert. Der lebenssatte und müde Mensch – meist im großmütterlichen Alter, typischerweise oft tatsächlich eine Großmutter! – begibt sich unter Begleitung des Freitodberaters mit der Rotkäppchenpuppe in den Wald, wo sie der Berater an geeignetem Ort allein ins Dickicht schickt.

Meister Isegrim lässt nicht lange auf sich warten. Die Puppe mit der roten Kappe beschnuppert er in freudigem Wiedererkennen, widmet sich dann aber bald dem oder der Sterbenswilligen. «Bieten Sie dem Tier die **Kehle** dar», schreibt ein Berater. «Dann geht es am schnellsten.» Das trifft zu, wie ermutigende Fälle in der Muskauer Heide belegen. In dieser Landschaft zwischen Bad Muskau und Rietschen sind einige offizielle Wolfsmanager zugleich als Freitodberater tätig, zweifellos die glücklichste Verbindung.

Mit dem Artenschutz verträgt sich ihre Tätigkeit hundertprozentig. «Der Artenschutz muss unbedingten Vorrang haben vor dem Schutz von Mensch und Nutztier», erklärt Wolfsmanager Hänsel. Als Nächstes soll in diesem Sinne der ebenfalls ins Märchen vertriebene **Bär** wieder angesiedelt werden. Der liebenswerte Zottel mit den großen Pranken, noch gut vertraut aus *Goldlöckchen* oder *Schneeweißchen und Rosenrot*, würde zunächst das Übermaß von Wildschweinen reduzieren und erst dann auf **die verbliebene Restbevölkerung** zurückgreifen. «Seine Rückkehr wird wissenschaftlich begleitet», versichert Hänsel. «Dann wird die Lausitz bald wieder genau das sein, was sie ursprünglich war, ganz authentisch: ein menschenleeres stilles Land.» Zum Glück ist sie das eigentlich jetzt schon.

REGISTER

Allersee 155
Alpspitze 141
Alte Brücke, Heidelberg 25
Alte Mainbrücke, Würzburg 73
Alte Nationalgalerie, Berlin 35
Altentreptow 33
Alte Pinakothek, München 95
Alte Saline, Reichenhall 165
Amphitheater, Trier 63
Amrum 86
Apothekenmuseum, Heidelberg 25
Auerberg 114
Augsburg 76

Bach-Haus, Eisenach 58
Bad Muskau 183
Bad Reichenhall 164
Bad Wildungen 171
Bamberg 22
Bauhaus-Universität, Weimar 51
Bayerischer Wald 150
Benediktbeuern 113
Berliner Dom 36
Binz 139
Bispingen 177

Bodetal 127
Böttcherstraße 124
Brandenburg an der Havel 34
Brandenburger Tor 31
Braubach 69
Bremen 121
Brocken 128
Buhne 16, Sylt 87

Café Reber, Reichenhall 166
Carolus Thermen, Aachen 67
Charité, Berlin 38
Chinesisches Haus, Potsdam 40
Cottbus 180
Cranachhaus, Wittenberg 103

Deutsches Museum, München 96
Dom, Aachen 65
Domberg, Quedlinburg 131
Domplatte, Köln 22
Domshof, Bremen 122
Dom, Trier 62
Dreikönigsschrein 21
Dreischluchtenpfad, Schwarzwald 97
Dresden 42

Echowand, Königssee 119
Edersee 167
Eibsee 142
Eisbach, München 93
Elbphilharmonie, Hamburg 83
Emschertal 149
Englischer Garten, München 94
Essen 145
Ettal 113

Fallersleben 156
Festung Marienberg 75
Föhr 86
Forum-Haus, Würzburg 76
Frauenkirche, Dresden 43
Frauenkirche, München 95
Friedwald Lüneburger Heide
    178
Fürstenzug, Dresden 43

Gabreta 150
Galerie Alter Meister, Dresden
    42
Garmisch-Partenkirchen 141
Gendarmenmarkt 36
Gewürzmuseum, Hamburg 80
Glottertal 97
Goethehaus, Weimar 53
Goslar 130
Grafenau 150
Grainau 142
Großer Arber 150
Grünes Gewölbe, Dresden 46

Hamburg Dungeon 80
Harz 126
Hauptbahnhof Köln 22
Heidelberg 23
Herrmannshöhe 168
Hexentanzplatz 128
Hexenturm, Würzburg 76
Hinterzarten 98
Hofbräuhaus, München 91
Hofkirche, Würzburg 75
Hohenpeißenberg 114
Höllentalklamm 143
Hörnum 89
Hotel Adlon, Berlin 33
Husum 172

Ilsenburg 127

Jakobsweg 133
Jasmund 139

Kaiserpfalz 130
Kaiserthermen, Trier 63
Kampen 86
Karl-Marx-Haus, Trier 61
Keitum 88
Kellerwald 167
Köln 18
Königssee 117
Königsstuhl 140
Königsthron, Aachen 66
Konstantinbasilika, Trier 62
Kreisirrenanstalt Oberbayern 16
Kreuzfahrtterminal, Hamburg
    80

186

Kriminalmuseum, Rothenburg 28

Kurhaus, Aachen 67

Kurpfälzisches Museum 24

Leipzig 133

Lichtenfels 168

Limburg 74

List 89

Loreley 71

Luisenplatz, Potsdam 33

Lüneburger Heide 176

Luthereiche, Wittenberg 107

Lutherhaus, Wittenberg 106

Lutherstube, Wartburg 56

Lutherstube, Wittenberg 106

Mädler-Passage, Leipzig 136

Marienplatz, München 95

Maritimes Museum, Hamburg 82

Marktplatz, Bremen 123

Marktplatz, Würzburg 76

Marxloh 61

Meersburg 109

Melanchthonhaus, Wittenberg 103

Mosel 61

Museum am Dom, Trier 63

Museumsinsel, Berlin 34

Muskauer Heide 183

Nationalpark Wattenmeer 173

Nationaltheater, Weimar 52

Neubrandenburg 33

Neue Pinakothek, München 95

Neues Museum, Berlin 34

Neues Palais, Potsdam 40

Neumarkt, Dresden 43

Niesky 181

Nikolaikirche, Leipzig 135

Nordsee-Museum, Husum 172

Obersalzberg 120

Ötztal 111

Pariser Platz, Berlin 31

Petrini-Haus 76

Pfaffenwinkel 112

Pfahldorf Uhldingen 109

Philosophenweg, Heidelberg 23

Pinakothek, München 95

Platz des 18. März, Berlin 32

Porta Nigra, Trier 61

Potsdam 39

Predigerseminar, Wittenberg 105

Prora 138

Quedlinburg 131

Rammelsberg 130

Rathaus, Aachen 67

Rathaus, Bremen 123

Rathaus, Goslar 130

Rathaus, München 95

Rathaus, Rothenburg 28

Rathaus, Wittenberg 106

Regensburg 76

Reinhardshausen 171

Reintal 143

Residenz, Würzburg 73
Reuter-Villa, Eisenach 58
Rhein 69
Rheinisches Landesmuseum,
   Trier 64
Rietschen 183
Römische Bäder, Potsdam 40
Römisches Haus, Weimar 50
Rotes Kliff, Sylt 89
Rothenburg ob der Tauber 27
Rottenbuch 113
Rüdesheim 69
Rügen 138
Ruhrmuseum, Essen 148

Sankt Bartholomä 117
Sankt-Josefs-Krankenhaus,
   Potsdam 41
Sanssouci, Potsdam 39
Schloss, Heidelberg 25
Schlosskirche, Wittenberg 103
Schlossmuseum, Quedlinburg
   131
Schloss Nymphenburg 96
Schlosspavillon, Wittenberg
   107
Schloss, Wolfsburg 156
Schneefernerhaus 144
Schnoor 124
Schönau 118
Schwansee 16
Schwarzwald 97
Sellin 139
Soest 18
Sooneck, Burg 70

Sowjetischer Ehrenfriedhof,
   Weimar 52
Speicherstadt, Hamburg 77
Sphinxgrotte, Weimar 50
Spree 34
Spreewald 161
Stadtkirche, Wittenberg 105
Stadtschloss, Berlin 37
Stadtschloss, Eisenach 58
St. Blasii, Quedlinburg 132
Steingaden 113
Steintorviertel 124
St. Märgen 97
Stralsund 138
Straße des 17. Juni, Berlin 32
Strönwai, Kampen 86
Sylt 86

Tempelherrenhaus, Weimar 50
Thale 127
Thomaskirche, Leipzig 134
Thüringer Wald 58
Tier-Mensch-Friedhof, Essen 148
Titisee 101
Totengrund 178
Totes Weibl 118
Triberg 97

Überlingen 109
Undeloh 179
Universitätsklinikum,
   Heidelberg 23
Unter den Linden, Berlin 38

Via Regia 133
Viktoriasicht 140
Vogtsbauernhof, Schwarzwald 101
Völkerschlachtdenkmal 135

Watzmann 118
Weihnachtsmuseum,
   Rothenburg 28
Weilheim 113
Weimar 50
Wessobrunn 113
Westerland 86

Wieskirche 112
Wilseder Berg 177
Wittenberg 103
Wolfsburg 155
Würzburg 22, 73
Zeche Zollverein 145
Zittau 180
Zollmuseum, Hamburg 80
Zugspitzplatt 142
Zwiebelmarkt, Weimar 52
Zwiesel 150
Zwinger, Dresden 42

Dietmar Bittrich bei rororo

Aber erst wird gegessen

Achtung, Gutmenschen!

Alle Orte, die man knicken kann

Das Gummibärchen-Orakel der Liebe

Das Weihnachtshasser-Buch

Der große Kotz

Diesmal bleiben wir bis Silvester!

Griechify your life

Lasst uns roh und garstig sein

Opa kriegt nichts mehr zu trinken!

Urlaub mit der buckligen Verwandtschaft

Weihnachten mit der buckligen Verwandtschaft

99 deutsche Orte, die man knicken kann

Das für dieses Buch verwendete Papier ist FSC®-zertifiziert.